MINISTÈRE DE LA MARINE ET DES COLONIES.

DÉCRET

PORTANT RÈGLEMENT

SUR

LES ALLOCATIONS DE SOLDE

ET ACCESSOIRES DE SOLDE

DES OFFICIERS, ASPIRANTS, FONCTIONNAIRES

ET DIVERS AGENTS

DU DÉPARTEMENT DE LA MARINE ET DES COLONIES

(1er JUIN 1875)

SUIVI DES TARIFS DE JANVIER 1880.

PARIS.

IMPRIMERIE NATIONALE.

1880.

N° 5053 de la Nomenclature générale des documents.

MINISTÈRE DE LA MARINE ET DES COLONIES.

DÉCRET

PORTANT RÈGLEMENT

SUR

LES ALLOCATIONS DE SOLDE

ET ACCESSOIRES DE SOLDE

DES OFFICIERS, ASPIRANTS, FONCTIONNAIRES

ET DIVERS AGENTS

DU DÉPARTEMENT DE LA MARINE ET DES COLONIES

(1er JUIN 1875)

SUIVI DES TARIFS DE JANVIER 1880.

PARIS.

IMPRIMERIE NATIONALE.

1880.

MINISTÈRE DE LA MARINE ET DES COLONIES.

Le Ministre de la marine et des colonies à Messieurs les Vice-amiraux commandant en chef, Préfets maritimes; Gouverneurs et commandants de colonies; Commandant supérieur de la marine en Algérie; Officiers généraux, supérieurs et autres pourvus d'un commandement à la mer; Commissaires généraux de la marine; Chefs du service de la marine dans les ports secondaires; Directeurs des établissements de la marine hors des ports; Membres des conseils d'administration des divisions des équipages de la flotte et des bâtiments armés; Ordonnateurs de la marine aux colonies; Inspecteurs en chef et inspecteurs de la marine; Inspecteurs en chef coloniaux.

(3e Direction; Services administratifs: 3e bureau; Solde, revues et habillement: 4e Direction: Colonies; 1er, 2e, 3e et 4e bureaux.)

Versailles, le 15 juin 1875.

Envoi d'un décret portant règlement sur la solde des officiers, aspirants, fonctionnaires et divers agents du Département de la marine et des colonies.

Messieurs, j'ai l'honneur de vous informer que M. le Président de la République a revêtu de sa signature, le 1er juin 1875, un décret portant règlement sur les allocations de solde et accessoires de solde des officiers, aspirants, fonctionnaires et divers agents du département de la marine et des colonies, ainsi que sur les frais de passage, le chauffage, l'éclairage et les abonnements à titre de frais de bureau.

Les prescriptions consacrées par ce décret seront mises à exécution à compter du 1er août prochain, comme l'indique l'article 217. Il n'est fait d'exception à cet égard que pour le traitement de table des aspirants, dont les dispositions nouvelles ont été rendues applicables de suite. (Circulaire du 7 juin 1875.)

La lecture du décret vous fera reconnaître facilement les modifications apportées à la réglementation antérieure; cependant il est quelques points sur lesquels je crois nécessaire d'appeler particulièrement votre attention.

Solde à la mer, solde d'état-major général ou d'officier en second, solde coloniale et solde en Algérie (art. 19 et suivants).

En 1851, la solde à la mer des officiers des divers corps autres que les officiers de marine, la solde d'état-major général et celle d'officier en second se composaient de la solde à terre proprement dite et d'une allocation qui, sous le titre de supplément à la mer, s'ajoutait à la solde à terre. D'un autre côté, la solde aux colonies et la solde en Algérie n'étaient autres que la solde à terre à laquelle on ajoutait également un supplément qui prenait, suivant le cas, le titre de supplément colonial ou de supplément de résidence en Algérie.

L'unification de la solde opérée en 1868 a eu pour effet de faire disparaître le supplément à la mer, le supplément d'état-major général, le supplément d'officier en second, le supplément colonial et le supplément de résidence en Algérie. Des soldes spéciales ont été créées sous la dénomination de solde à la mer, de solde d'état-major général ou d'officier en second, de solde coloniale et de solde en Algérie. Toutes ces dispositions ont été reproduites dans le décret dont le texte se trouve, par suite, en harmonie avec les tarifs de solde.

Dispositions particulières au service colonial (art. 32 et suivants).

Le décret du 19 octobre 1851 contenait seulement quelques dispositions spéciales au service colonial, bien que les prescriptions de ce décret fussent applicables au personnel des colonies, ainsi que cela résulte d'une circulaire manuscrite du 22 janvier 1852 (personnel et services militaires des colonies) qui, en faisant envoi des exemplaires dudit acte aux gouverneurs et commandants des colonies, contenait des instructions particulières au service colonial, notamment en ce qui concernait la concession des congés, l'allocation du supplément colonial et l'indemnité de lit de bord.

Le nouveau décret comble les lacunes qui existaient à cet égard dans le décret du 19 octobre 1851; il prévoit les positions générales qui peuvent motiver des exceptions en ce qui touche le personnel employé dans les colonies et indique les situations qui, dans le service courant, se présentent fréquemment. Mais il n'a pas été possible d'insérer dans le décret les dispositions d'un caractère spécial, et c'est au Ministre qu'il appartiendra de régler, par des dépêches successives, toutes les positions exceptionnelles qui viendraient à se produire dans le service des colonies.

Officiers et autres admis à faire valoir leurs droits à la retraite (art. 11).

Les dispositions concernant l'époque à laquelle les officiers, fonctionnaires et agents admis à faire valoir leurs droits à la retraite sont rayés des contrôles d'activité, ont été modifiées. Ils seront rayés à compter du lendemain de la notification qui leur sera faite de la décision du Ministre. Il ne sera fait d'exception, à cet égard, que dans le cas où les nécessités du service exigeront qu'un officier ou autre soit maintenu à l'activité. Le Ministre, par une décision spéciale, aura la faculté de le conserver en service pendant un délai qui ne pourra excéder trois mois. Dans cette position, les officiers, fonctionnaires ou agents maintenus en activité continueront à recevoir, par mois et à terme échu, la solde et les accessoires de solde de leur grade suivant la position qu'ils occuperont.

Quant aux officiers admis à la retraite et qui n'auront pas été maintenus en service, ils pourront recevoir, en attendant la remise de leur brevet de pension de retraite, une allocation temporaire égale au minimum de la pension de leur grade. Cette allocation, qui est payable par mois et à terme échu, sera précomptée sur les premiers arrérages de leur pension de retraite.

Cumul de la solde avec un traitement d'activité art. 16).

L'article relatif au cumul de la solde avec un traitement d'activité a été mis en harmonie avec les prescriptions du décret du 31 mai 1862 portant règlement sur la comptabilité publique et avec celles de la loi du 16 février 1872 qui règle, au point de vue de l'indemnité législative, la situation des fonctionnaires nommés députés à l'Assemblée nationale. Un nota reproduit les articles du décret et le texte de la loi qui déterminent les cas dans lesquels le cumul est autorisé. C'est ce qui a été fait, d'ailleurs, toutes les fois que le texte du décret vise des dispositions résultant d'actes spéciaux. Ce mode de procéder épargnera les recherches souvent difficiles auxquelles les fonctionnaires ou les parties intéressées sont obligés de se livrer pour consulter ces actes.

Livret de solde (art. 17).

Le décret renferme un article spécial à la délivrance du livret de solde, à la tenue de ce document, ainsi qu'au renouvellement du livret lorsqu'il est entièrement rempli ou qu'il a été perdu par le titulaire. Cet article comble une lacune du décret du 19 octobre 1851.

Officiers et agents embarqués sur les bâtiments de la 2e et de la 3e catégorie de la réserve ainsi que sur le bâtiment central (art. 26).

L'article 26 détermine que les officiers et agents embarqués sur les bâtiments de 2e et 3e catégorie de la réserve, ainsi que sur le bâtiment central n'ont droit qu'à la solde de présence à terre. Il reproduit, à cet égard, les dispositions du décret du 8 novembre 1872 relatif à la supputation des services et à la solde du personnel embarqué sur les bâtiments de la réserve.

Vacances du conseil d'amirauté, du conseil des travaux, etc. (art. 26).

Les vacances accordées aux membres du conseil d'amirauté et du conseil des travaux ainsi qu'à d'autres officiers, fonctionnaires ou agents, lorsque leur emploi le comporte, sont considérées comme une position de présence pendant laquelle l'officier, fonctionnaire ou agent conserve la totalité des allocations attribuées à sa fonction ou à son emploi. Cette disposition est basée sur ce que le titulaire n'étant pas tenu de se déplacer, il n'y a aucune raison pour le priver des immunités attachées à la position qu'il occupe ou à la localité qu'il habite.

Officiers, fonctionnaires ou agents membres des conseils généraux (art. 28).

Le nouveau décret contient des dispositions relatives aux officiers, fonctionnaires ou agents membres des conseils généraux des départements. La solde de présence leur a été maintenue dans cette position.

Différentes espèces de congés (art. 45 et 46).

Les prescriptions en vigueur à l'égard des officiers, fonctionnaires ou agents qui obtiennent des congés avec autorisation de prêter leur concours à des entreprises industrielles ont été reproduites dans le décret, lequel prévoit également une nouvelle catégorie de congés spéciaux pouvant être accordés à des fonctionnaires ou agents provenant d'autres départements ministériels. Il a été tenu compte de la difficulté, quelquefois même de l'impossibilité où se trouve le fonctionnaire ou agent en expectative de réintégration, d'obtenir immédiatement ou à bref délai un emploi dans le département ministériel auquel il avait été emprunté.

Congés de convalescence (art. 42).

L'article 42, relatif aux congés de convalescence consacre les mesures prescrites par la circulaire du 22 octobre 1846 et en vertu desquelles les officiers des divers corps de la marine et les aspirants sont placés d'office dans la position de non-activité, lorsqu'après une année passée en congé de convalescence les certificats de l'autorité médicale constatent qu'un nouveau congé de six mois serait insuffisant. Les fonctionnaires et agents qui se trouvent dans une situation analogue peuvent obtenir des prolongations de congé jusqu'à leur rétablissement, ou jusqu'à leur mise à la retraite si la maladie dont ils sont atteints a été contractée par suite d'un acte de dévouement accompli dans un intérêt public ou en exposant leurs jours dans certaines circonstances déterminées.

Congés pour aller aux colonies françaises et en pays étranger hors d'Europe (art. 51).

L'article 51, relatif aux congés pour se rendre aux colonies françaises, ou en pays étranger hors d'Europe a été mis en harmonie avec les dispositions successivement adoptées depuis la promulgation du décret du 19 octobre 1851. Il détermine la durée extrême de ces congés en prenant pour base la durée du trajet à effectuer.

Permissions (art. 56 à 58).

Les articles 56 et 57 reproduisent les prescriptions en vigueur, relativement à la concession des permissions d'absence et aux droits qu'elles confèrent aux officiers, aspirants, fonctionnaires et agents.

L'article 58 renferme une disposition nouvelle, en ce qui concerne le visa des permissions d'absence accordées aux officiers et autres embarqués sur les bâtiments dépendant d'une escadre ou d'une division navale. Ces permissions ne seront plus soumises désormais au visa du commissaire aux armements du port dans lequel se trouvera le bâtiment. Elles seront enregistrées par les administrateurs des bâtiments, à la charge par eux de porter les mouvements à la connaissance des ports comptables, sous peine d'engager leur responsabilité personnelle.

Époque de la rentrée en jouissance de la solde de présence (art. 59).

Le décret du 19 octobre 1851 n'attribuait la solde de présence qu'à compter du lendemain du jour où l'officier ou autre rejoignait son poste. Désormais, le jour du retour au port ou à l'établissement sera considéré comme une journée passée dans une position de présence.

Officiers dépassant la limite de leur congé ou de leur permission (art. 60).

L'officier, aspirant, fonctionnaire ou agent qui rentrait à son poste après le terme fixé pour l'expiration de son congé ou de sa permission était privé du rappel de sa solde pendant la durée du dernier mois de son congé ou pendant toute la durée de sa permission. Cette disposition n'a pas été maintenue. L'officier ou autre qui dépasse le terme de son congé ou de sa permission doit être puni disciplinairement, mais il n'y a pas lieu de lui imposer d'autre retenue que celle du montant de la solde afférente au nombre de jours pendant lesquels il a été en position d'absence illégale. Pour prévenir les abus et afin que l'officier, aspirant, fonctionnaire ou agent ne puisse pas prolonger indéfiniment son absence, le décret indique qu'il doit prévenir immédiatement son chef direct s'il n'a pu, étant en congé avec ou sans solde ou en permission, rentrer à son poste à l'expiration de son autorisation d'absence.

La solde d'hôpital a été supprimée. Par analogie avec la décision du Ministre de la guerre rendue applicable aux troupes de la marine, la position d'un officier ou autre admis à l'hôpital est considérée comme une position de présence, sous la réserve qu'il subit sur sa solde une retenue journalière pendant toute la durée de son séjour dans un établissement hospitalier. Cette disposition simplifie à la fois les tarifs et les décomptes à établir au profit des officiers et autres traités dans les hôpitaux. Solde d'hôpital.

Le maximum des délégations que les officiers, fonctionnaires ou agents peuvent consentir a été élevé des deux tiers aux trois quarts de la solde à la mer proprement dite, pour les officiers ou autres embarqués, lorsque les délégations sont souscrites en faveur de leurs femmes, descendants ou ascendants. Le maximum a été maintenu aux deux tiers pour les autres délégataires. Cette modification aux prescriptions du décret du 19 octobre 1851 supprimera une correspondance inutile entre les ports et l'administration centrale, attendu que l'élévation du taux maximum des délégations, tout en permettant aux délégants de n'abandonner que la partie de la solde dont ils veulent faire profiter leurs délégataires, rendra moins nombreuses les demandes de délégations exceptionnelles. C'est dans le même ordre d'idées que le décret modifie les dispositions qui assignaient une durée d'une année ou de deux années aux délégations souscrites par les officiers, employés ou agents servant aux colonies. Le renouvellement de ces délégations, souvent négligé par les délégants, mettait dans l'embarras les délégataires qui comptaient sur le payement, à terme échu, de sommes destinées à pourvoir à des dépenses d'entretien et de nourriture. A l'avenir, les délégations du personnel colonial auront leur effet pendant toute la durée du service aux colonies, à moins d'une mention contraire énoncée dans les déclarations de délégation. Délégations (art. 64 et suivants).

L'article 69 consacre les prescriptions d'une décision ministérielle établissant qu'en cas de décès des délégataires, les arrérages de délégations non perçus par lui au moment de son décès font retour au délégant.

Le cadre de réserve, qui avait été supprimé en 1848, n'ayant été rétabli que par le décret du 1er décembre 1852, le règlement sur la solde ne contenait aucune prescription relative à la solde des officiers généraux de la deuxième section du cadre de l'état-major général de la marine. L'article 73 comble cette lacune. Un nota stipule, en même temps, que la solde des officiers généraux faisant partie du cadre de réserve a été fixée par le décret précité aux trois cinquièmes de la solde de leur grade dégagé de tous acces- Solde du cadre de réserve (art. 73).

soires et que la loi de finances du 2 août 1868 n'a pas appliqué à ces officiers généraux le bénéfice de l'augmentation de solde accordée aux officiers généraux et assimilés des armées de terre et de mer placés dans la première section du cadre (activité et disponibilité).

Solde de non-activité (art. 74 et 75).

A l'avenir, l'autorisation de résidence accordée à un officier en non-activité comportera de plein droit l'autorisation de recevoir sa solde dans la localité indiquée. On supprimera ainsi une correspondance incessante et qui n'avait pas de but utile.

Solde de réforme (art. 76 et suivants).

La solde de réforme, qui n'était payable que par trimestre, sera payée désormais par mois et à terme échu. Cette disposition qui occasionnera, il est vrai, un peu plus de travail à l'administration et notamment aux bureaux de l'administration centrale, a été prise en faveur d'un personnel dont la solde minime est insuffisante pour faire face aux besoins des titulaires. C'est la même pensée qui a conduit à adopter une disposition qui permet aux officiers [1] autorisés à faire valoir leurs droits à la retraite et à ceux qui sont mis en réforme de recevoir, en attendant la liquidation définitive de leurs droits à une pension ou à une solde de réforme, une allocation temporaire égale aux deux tiers du minimum de la pension de retraite de leur grade, et dont le montant sera ensuite précompté sur les premiers arrérages de la solde ou de la pension de réforme qui leur sera attribuée.

Officiers et autres admis dans les hôpitaux (art. 80).

Ainsi qu'il a été dit plus haut, la solde d'hôpital a été supprimée et remplacée par le payement de la solde de présence, sous la réserve d'une retenue déterminée pour chaque journée passée dans un établissement hospitalier. L'article 80 détermine les règles d'allocation de la solde pour les officiers et autres admis dans les hôpitaux.

L'article 81 renferme une disposition nouvelle qui permet aux officiers, fonctionnaires et agents en traitement dans les hôpitaux, de recevoir mensuellement, sur leur demande, la solde à laquelle ils ont droit. Mais, afin de prévenir les abus, cette concession a été entourée de garanties. En effet, le soin d'approuver les demandes de l'espèce a été réservé au Ministre, pour les officiers et autres présents à Paris ou dans l'intérieur; aux vice-amiraux commandant en chef, préfets maritimes, dans les ports militaires; aux chefs de service dans les ports secondaires; aux directeurs dans les établissements de la marine hors des ports.

Supplément aux lieutenants de vaisseau ayant douze années de service dans ce grade (art. 94).

Un supplément de solde de cinq cents francs par an est attribué aux lieutenants de vaisseau ayant douze années de service dans ce grade.

[1] Au commentaire de l'article 76 : Solde de réforme, 8e et 9e lignes, supprimer les mots : *autorisés à faire valoir leurs droits à la retraite et à ceux*... (Circulaire du 9 août 1875, B. O. page 132.)

Cette disposition bienveillante remédiera, dans une certaine mesure, aux conséquences qu'entraînent, au point de vue de l'avancement, les réductions successives qui ont été apportées dans les fixations du cadre des officiers de marine.

Le décret du 19 octobre 1851 ne contenait aucune disposition relative à la concession de l'indemnité en rassemblement. Cette lacune a été comblée par les prescriptions de l'article 107, qui détermine que les fixations du tarif constituent un maximum qui peut être réduit suivant les circonstances.

Indemnité en rassemblement (article 107).

Il a paru nécessaire de comprendre sous le titre : *accessoires de la solde*, les frais de service attribués aux commissaires et administrateurs de l'inscription maritime par le règlement du 19 juillet 1848, et de maintenir cette allocation au titulaire de la fonction, absent momentanément de son poste, à la charge par lui de pourvoir à toutes les dépenses auxquelles l'indemnité doit faire face.

Frais de service attribués aux commissaires et administrateurs de l'inscription maritime (art. 108).

L'indemnité spéciale allouée pour mission hydrographique aux ingénieurs hydrographes sera étendue, à l'avenir, aux officiers de la marine chargés par le Ministre d'une mission de cette nature.

Indemnité spéciale pour mission hydrographique (art. 109).

L'indemnité de responsabilité à laquelle ont droit les comptables des matières de la marine a été comprise au nouveau décret sous le titre : *accessoires de la solde.*

Indemnité de responsabilité des comptables des matières (art. 110 et suivants).

La même disposition a été prise à l'égard de l'indemnité pour frais de bureau. Le nouveau décret reproduit les prescriptions du règlement du 19 juillet 1848, en tenant compte des modifications successives qui ont été apportées au tarif qui y était annexé.

Indemnité pour frais de bureau (art. 118 et suivants).

L'allocation de frais de premier établissement aux gouverneurs, commandants de colonies et évêques a paru de nature à figurer dans le décret sur la solde.

Frais de premier établissement des gouverneurs, des commandants de colonies et des évêques (art. 135).

L'indemnité représentative du chauffage et de l'éclairage, comme toutes celles qui étaient déterminées par les règlements du 19 juillet 1848, a trouvé place dans le nouveau décret qui consacre le texte du règlement précité, sous la réserve des modifications résultant des décisions ministérielles intervenues depuis sa mise à exécution.

Indemnité représentative du chauffage et de l'éclairage (art. 139 et suivants).

Les articles 149 à 166 reproduisent en grande partie les dispositions relatives au traitement de table qui sont disséminées dans les volumes de la collection du *Bulletin officiel de la marine* et dans des circulaires et dépêches manuscrites.

Traitement de table (art. 149 et suivants).

La seule modification importante à signaler est celle qui cesse d'allouer au commandant d'un bâtiment promu à un nouveau grade le traitement de table de ce grade à compter du jour de sa nomination. A l'avenir et conformément à l'article 163, le traitement de table du nouveau grade ne sera alloué qu'à partir du jour où parviendra au commandant du bâtiment l'avis de sa promotion au grade supérieur.

Avances de solde et de traitement de table (art. 182).

La rapidité des communications depuis que les bâtiments de la flotte sont pourvus de moteurs à vapeur et qu'un grand nombre d'entre eux transitent par l'isthme de Suez pour se rendre dans nos possessions d'outre-mer, a conduit à réduire la quotité des avances de solde et de traitement de table.

Avances à payer aux officiers, fonctionnaires et agents allant servir aux colonies, ou passant d'une colonie dans une autre colonie (art. 183).

La seule modification apportée à la quotité des avances de solde que reçoivent actuellement les officiers, fonctionnaires ou agents allant servir aux colonies consiste dans la réduction que subiront les avances à payer aux officiers ou autres embarqués sur des bâtiments se rendant à leur destination en passant par le canal de Suez.

Quant à la quotité des avances de solde à payer aux officiers, fonctionnaires et agents appelés à se rendre d'une colonie dans une autre, il a paru préférable de laisser aux gouverneurs et commandants de colonies le soin de déterminer le chiffre de ces avances à raison de la durée présumée de la traversée.

En ce qui concerne les officiers ou autres qui, après un congé passé en France, retournent dans la colonie d'où ils provenaient, ils ne peuvent prétendre à des avances de solde, à moins que ces avances ne leur soient accordées, à titre exceptionnel, par décision spéciale du Ministre rendue sur un rapport motivé.

Frais de passage (art. 192 et suivants).

L'arrêté du 30 avril 1848, qui détermine la quotité des frais de passage à payer aux officiers généraux et autres pourvus d'un commandement à la mer pour les passagers admis à leur table ainsi qu'aux tables des bâtiments pour les passagers qu'elles reçoivent, a subi de nombreuses modifications depuis la promulgation de l'arrêté précité. Le décret consacre les dispositions en vigueur, sous la réserve du changement apporté à la réglementation en ce qui concerne la quotité des avances à payer suivant la destination des passagers. Le taux des avances a été basé sur la durée des traversées des bâtiments à vapeur, avec augmentation du tiers toutes les fois que le tarif est applicable à des bâtiments à voiles. Une distinction a été établie également entre les bâtiments qui doublent les caps et ceux qui transitent par le canal de Suez pour se rendre à destination.

Indemnité pour effets d'habillement à divers agents (art. 198 et suivants).

Comme toutes les dispositions contenues dans les règlements du 19 juillet 1848, concernant les frais de bureau et le chauffage, le règlement de même date relatif à l'indemnité pour effets d'habillement à divers agents a trouvé place dans le nouveau décret, sous la réserve des modifications qu'il a subies depuis sa mise à exécution et de son application au personnel de surveillance des prisons maritimes, dont la création est récente.

Retenue au profit de la caisse des invalides de la marine (art. 204).

L'article 204 consacre les prescriptions de la circulaire du 14 juin 1873 (*Bull. offic.*, p. 850), qui dispose que les officiers autorisés à seconder des entreprises industrielles subissent sur la totalité des allocations qui leur sont accordées par l'industrie privée la retenue de 3 p. o/o dévolue à la caisse des invalides de la marine.

En ce qui touche les magistrats et autres du service colonial qui ont une parité d'office dans le service métropolitain, il a paru équitable de leur faire subir la retenue fixée par la loi du 9 juin 1853 sur les pensions civiles, afin de les traiter de la même manière que les magistrats de l'ordre judiciaire en France ou que les fonctionnaires auxquels ils sont assimilés, puisque leur parité d'office sert de base pour la fixation de leur pension de retraite, dont le règlement est soumis aux dispositions de la loi précitée.

Quant aux retenues de congé, dont le montant est versé, aux termes des règlements, à la caisse des invalides de la marine, il convient de remarquer que ces retenues, pour le personnel des colonies, ne portent que sur la solde ou le traitement d'Europe, attendu que, dans certains cas et notamment en ce qui concerne les agents dont le traitement est payé sur les fonds des budgets locaux des colonies, le supplément colonial sert à rétribuer des agents auxiliaires qui sont nommés pour remplacer les titulaires envoyés en congé avec tout ou partie de leur traitement.

Quotité des retenues exercées par suite de saisies-arrêts ou oppositions (art. 208).

Les dispositions en vigueur qui fixe uniformément au cinquième de la solde brute la quotité des retenues à exercer au profit des tiers par suite de saisies-arrêts ou oppositions étant en désaccord formel avec la loi du 21 ventôse an IX, en ce qui concerne les fonctionnaires et employés civils, l'article 208 du nouveau décret reproduit les prescriptions de ladite loi pour la catégorie des fonctionnaire et agents auxquels elle est applicable. La quotité des retenues de l'espèce a donc été fixée au cinquième sur les premiers mille francs et toutes les sommes au-dessous; au quart sur les cinq mille francs suivants, et au tiers sur la portion excédant six mille francs, à quelque somme qu'elle s'élève.

Avis de dettes (art. 209).

La reprise des dettes signalées à l'article des officiers, aspirants, fonctionnaires ou agents était différée jusqu'au moment où le fonctionnaire chargé d'assurer le payement de la solde de l'officier ou autre était prévenu officiellement du chiffre de la dette par un avis établi sur l'imprimé spécial au département de la marine. Il a paru préférable, dans l'intérêt du Trésor public, d'assurer la reprise de ces dettes dans le plus bref délai possible. Pour atteindre ce but, l'article prescrit de retenir de suite les dettes ressortant de l'arrêté des livrets de solde ou des situations financières lorsqne le titulaire ne conteste pas la légitimité de la dette. Dans le cas contraire, le fonctionnaire chargé d'assurer le payement de la solde surseoit momentanément à toute retenue et provoque des explications de la part de l'administration du port ou de la colonie qui assurait le payement de la solde du débiteur.

Réclamations adressées au Ministre (art. 211).

Jusqu'à ce jour, les officiers, aspirants, fonctionnaires ou agents qui avaient des réclamations à formuler pour solde, accessoires de solde, traitement de solde, etc., pouvaient s'adresser directement au Ministre lorsque le commissaire aux revues et aux armements, suivant le cas, et le commissaire général de la marine n'avaient pas accueilli leur demande. A l'avenir et par analogie avec les prescriptions de l'article 46 du décret du 20 mai 1868, sur le service à bord des bâtiments de l'État, les officiers ou autres devront employer la voie hiérarchique pour faire parvenir leurs réclamations au Ministre.

Responsabilité des officiers du commissariat (art. 212).

La responsabilité des officiers du commissariat, et les conditions dans lesquelles doit s'effectuer leur recours contre les parties prenantes n'étaient pas nettement définies; l'article 212 du décret a comblé cette lacune.

Tarifs. — Réimpression des tarifs.

Les tarifs de solde et d'accessoires de solde actuellement en vigueur ont été réimprimés et placés à la suite du décret, après avoir subi les changements nécessaires pour les mettre en harmonie avec le texte. Cette publication n'a pas le caractère d'une consécration de ces tarifs, qui contiennent de regrettables disparates dans la fixation de la solde de certains corps et qui, sous ce rapport, devront être revisés dès que la situation budgétaire le permettra. Il ne s'agit donc que d'en faciliter l'application au moyen d'une forme plus pratique que celle qui a été adoptée à Bordeaux, en 1871, à titre provisoire. Il ne vous échappera pas, en effet, que les nouveaux tarifs faciliteront les recherches, attendu que chaque tableau présente les allocations attribuées à un même corps. Ces tarifs donnent, en même temps, la décomposition de la solde et des accessoires de solde par mois et par jour, ce qui n'existait pas dans ceux qui ont été publiés à Bordeaux.

Traitement de table des aspirants.

La modification la plus importante apportée aux tarifs en vigueur est celle qui consiste dans l'augmentation du traitement de table des aspirants. Les nouvelles fixations et les dispositions arrêtées pour la composition de la table de ces jeunes gens leur permettront de vivre convenablement et de satisfaire aux obligations que leur impose la constitution d'une table spéciale.

Solde coloniale des officiers de marine.

Dans certains cas déterminés par le décret, la solde coloniale remplacera pour les officiers de marine la solde à la mer qu'ils reçoivent actuellement.

Cette mesure, prise en vue de faire cesser les embarquements fictifs, présente des avantages trop réels pour qu'il soit nécessaire d'insister à cet égard.

Solde à la mer et solde d'état-major général des capitaines de vaisseau et assimilés.

Toutes les soldes annuelles, tant à terre qu'à la mer, représentent des chiffres ronds; il n'existait d'exception à cette règle que pour la solde à la mer et la solde d'état-major général des capitaines de vaisseau et assimilés. Les tarifs actuels ont fait cesser cet état de choses; mais il n'a pas été possible d'appliquer la même mesure à la solde coloniale et à la solde en Algérie de certains grades, parce que le supplément à ajouter à la solde de grade actuelle pour former la solde coloniale ou la solde en Algérie est proportionnel, suivant le cas, au double, aux trois-quarts, à la moitié ou au tiers de l'ancienne solde de grade.

Solde à la mer et solde de non-activité des commissaires généraux.

Un *nota* inséré en marge du tableau n° 10 des tarifs de Bordeaux indiquait que la solde de non-activité des corps naviguants est basée sur la solde à la mer, mais il n'avait pas été tenu compte de cette disposition dans l'établissement de la solde de non-activité des commissaires généraux. D'un autre côté, les commissaires généraux pouvant être embarqués en qualité de commissaire général d'armée navale, il y avait lieu de combler la lacune qui existait à cet égard dans les tarifs de 1871. L'erreur et l'omission qui viennent d'être signalées ont été réparées dans les tarifs nouveaux.

Solde de non-activité des inspecteurs en chef, des directeurs des constructions navales, des directeurs et inspecteurs adjoints du service de santé et de l'aumônier en chef.

La mesure appliquée à la solde de non-activité des commissaires généraux a été étendue aux inspecteurs en chef, aux directeurs des constructions navales aux directeurs et inspecteurs adjoints du service de santé de la marine, ainsi qu'à l'aumônier en chef qui, bien que n'étant plus appelés à naviguer dans le grade dont ils sont actuellement pourvus, n'en appartiennent pas moins à des corps naviguants, ou, comme les inspecteurs en chef, proviennent de l'un de ces corps. Cette mesure ne fait que confirmer les dispositions que consacre le *nota* inséré en marge du tableau n° 10 des tarifs de Bordeaux.

Solde de non-activité des examinateurs d'hydrographie.

La solde de non-activité des professeurs d'hydrographie étant basée sur la solde à la mer, celle des examinateurs d'hydrographie, qui sont choisis parmi les professeurs de 1re classe, a été calculée sur le même pied.

Supplément variable suivant le rang du bâtiment.

Les nouveaux tarifs reproduisent les prescriptions de la circulaire ministérielle du 31 août 1874, qui détermine les suppléments variables suivant le rang du bâtiment, en prenant pour base la force numérique de l'équipage et non la désignation du bâtiment.

Supplément accordé aux professeurs d'hydrographie chargés de faire des cours à l'École navale.

Les tarifs accordent aux professeurs d'hydrographie qui sont embarqués sur *le Borda* le supplément annuel de 800 francs que reçoivent actuellement les lieutenants de vaisseau chargés de faire des cours à l'École navale.

Recommandations générales.

Telles sont les explications que j'ai cru nécessaire de vous donner sur les dispositions principales qui ont été introduites dans le décret qui fait l'objet de la présente circulaire.

Il ne me reste plus qu'à appeler votre attention sur l'intérêt qui s'attache à ce que le règlement sur la solde soit interprété partout d'une manière uniforme. A cet effet, lorsqu'en matière de solde, d'accessoires de solde ou de traitement de table, il existe un doute, soit sur l'interprétation à donner aux prescriptions réglementaires, soit sur l'application des tarifs, je désire qu'il m'en soit référé immédiatement, car c'est au Ministre qu'il appartient de statuer dans l'espèce.

Il ne doit être fait d'exception à ce principe que dans les circonstances où les nécessités du service ne permettent pas, faute de temps, de consulter le Ministre, et alors il est indispensable de l'informer sans délai de la décision prise par l'autorité locale.

Je compte, Messieurs, sur votre zèle éclairé et sur votre expérience du service pour assurer, chacun dans la limite de vos attributions administratives, la mise à exécution du décret sur la solde.

Le Ministre de la marine et des colonies,

Signé : MONTAIGNAC.

DÉCRET

portant règlement sur la solde et les accessoires de solde des officiers, aspirants, fonctionnaires et divers agents du département de la marine et des colonies.

(Du 1er juin 1875.)

TITRE PREMIER.

Solde.

CHAPITRE PREMIER

Dispositions générales.

ARTICLE PREMIER.

Désignation des différentes espèces de solde.

On distingue quatre espèces de solde :

La solde d'activité;

La solde du cadre de réserve;

La solde de non-activité;

La solde de réforme.

ART. 2.

Solde d'activité.

La solde d'activité se divise en solde de présence et en solde d'absence.

ART. 3.

Solde de présence.

La solde de présence se subdivise de la manière suivante :

Solde à la mer;

Solde à terre;

Solde coloniale;

Solde en Algérie.

La solde à la mer se subdivise elle-même en deux espèces :

Solde à la mer proprement dite;

Solde dite d'état-major général et d'officier en second.

ART. 4.

Solde d'absence [1].

La solde d'absence correspond aux positions suivantes :

[1] La position de permission ne doit pas être considérée comme une position d'absence.

En congé avec solde entière ou solde réduite;
En jugement ou en détention;
En captivité à l'ennemi.

ART. 5.

Droits à la solde d'activité.

Aucun officier, aspirant [1], fonctionnaire ou agent ne peut jouir d'une solde quelconque d'activité s'il n'est pas en activité de service.

ART. 6.

Entrée en jouissance de la solde d'activité.

Le droit à la solde d'activité commence :

1. Pour les officiers, aspirants et fonctionnaires, nommés par le Président de la République, à compter de la date du décret conférant le grade ou la fonction, ou rappelant à l'activité.

2. Pour les officiers, aspirants et assimilés dont l'avancement est soumis aux épreuves d'un concours ou d'un examen, à compter du jour où ils prennent rang, conformément aux dispositions particulières qui régissent le corps auquel ils appartiennent.

3. Pour les agents, à compter de la date de l'arrêté de nomination ou d'avancement, ou à partir de la date indiquée dans cet arrêté ou dans la commission, sous la réserve de la restriction prévue à l'article 9 ci-après.

4. Pour les fonctionnaires provenant des autres départements ministériels, à compter du jour où ils ont cessé d'être payés sur les fonds de ces départements.

5. Pour les officiers et agents auxiliaires du service métropolitain, à compter du jour de leur embarquement ou de leur mise en subsistance à bord d'un bâtiment.

6. Pour les officiers et agents auxiliaires du service colonial partant de France, à compter du jour de leur arrivée au port d'embarquement, et pour ceux nommés dans les colonies, à compter du jour de leur entrée en fonction.

7. En cas d'augmentation de solde, les officiers et agents auxiliaires des deux services reçoivent la nouvelle solde à compter du jour fixé par la décision.

8. Pour les agents qui doivent prêter serment, à partir du jour de leur entrée en fonction, et, en cas d'augmentation de solde, à compter du jour fixé par la décision.

ART. 7.

Cessation des droits à la solde d'activité.

Les droits à la solde d'activité cessent :

1. Pour les officiers généraux passant dans le cadre de réserve et pour

[1] Sous la dénomination d'aspirants, on comprend dans ce décret, non seulement les aspirants proprement dits, mais encore les fonctionnaires militaires qui leur sont assimilés (aides-médecins, élèves commissaires, etc.)

les officiers et aspirants passant à la non-activité ou à la réforme, à compter du lendemain du jour de la notification qui est faite à l'officier du décret ou de la décision prononçant la mise en non-activité ou en réforme ou le passage dans le cadre de réserve.

2. Pour les officiers, aspirants fonctionnaires et agents démissionnaires, à compter du lendemain du jour où l'acceptation de leur démission leur est notifiée.

3. Pour les agents divers lorsqu'ils sont licenciés, à compter du lendemain du jour où leur est notifiée la décision prononçant leur licenciement

4. Pour les officiers et agents auxiliaires, à compter du jour de la cessation de leurs fonctions, ou s'ils sont en cours de campagne, à compter du jour de leur débarquement en France, à moins qu'ils ne quittent le service par suite de démission ou de licenciement par mesure disciplinaire. Dans ces deux cas, ils sont traités conformément aux dispositions des paragraphes 2 et 3 du présent article.

5. Pour ceux qui sont aux colonies, les droits à la solde d'activité cessent le jour où ils quittent leurs fonctions s'ils ont été nommés dans la colonie, et le jour du débarquement en France ou dans la colonie d'origine s'ils ont été envoyés d'Europe ou d'une autre colonie. Les dispositions des paragraphes 2 et 3 du présent article leur sont également applicables.

6. Pour les officiers et agents admis à la retraite, à compter du jour de la cessation de leurs fonctions, comme il est dit à l'article 11 ci-après.

7. Pour les fonctionnaires et agents des autres départements ministériels, à compter du jour où ils quittent le service s'ils sont en France et à compter du jour de leur débarquement s'ils proviennent du service colonial, mais sous la réserve pour les uns et les autres de l'application des dispositions prévues par le présent décret sous le titre des congés (art. 45).

8. Si l'officier, aspirant, fonctionnaire ou agent mis en réforme, en non-activité, démissionnaire ou licencié est absent de son poste, ou si par sa faute le service dont il dépend n'a pas retrouvé sa trace, il cesse d'avoir droit à la solde d'activité, à compter du lendemain du jour où la notification de la mesure qui le concerne est parvenue à l'autorité sous les ordres de laquelle il était placé.

Art. 8.

Officiers et agents auxiliaires.

1. Aucune solde ne peut être allouée aux officiers et agents auxiliaires, s'ils ne sont en service effectif dans les colonies, en expectative d'embarquement pour suivre une destination ou présents à bord d'un bâtiment, sauf les exceptions prévues par les articles 41 et 63 ci-après.

2. Les officiers et agents auxiliaires sont considérés comme accomplissant un service effectif lorsqu'ils sont embarqués pour se rendre aux colonies ou rentrer en France, à quelque titre que ce soit, sauf le cas de démission ou de licenciement par mesure de discipline.

3. Les officiers et agents auxiliaires qui, pour le service, sont dirigés en France d'un port sur un autre, reçoivent la solde de présence pendant le délai qui leur est accordé pour la route qu'ils ont à parcourir. Ces officiers et agents sont rattachés pour la solde en route au rôle du bâtiment sur lequel ils sont destinés à être embarqués.

ART. 9.

La solde ne peut être allouée, en principe, pour un temps antérieur à la nomination à un grade ou à un emploi. Cas de rétroactivité.

La solde attribuée à un grade ou à un emploi ne peut être allouée pour un temps antérieur à la date du décret ou de la décision portant nomination ou avancement, sauf le cas prévu par le paragraphe 3 de l'article 6 ci-dessus. Cette disposition ne s'applique pas aux avancements en classe, qui ne constituent pas un grade et s'acquièrent à l'ancienneté.

ART. 10.

Officier ou autre remplissant les fonctions d'un grade ou d'un emploi supérieur à celui dont il est titulaire.

1. L'officier, aspirant, fonctionnaire ou agent, appelé à remplir temporairement des fonctions attribuées à un grade ou à un emploi supérieur au sien, n'a droit qu'à la solde du grade ou de l'emploi dont il est titulaire.

2. Toutefois, les fonctionnaires appelés à remplir par intérim les emplois de gouverneur ou de commandant de colonie cessent de recevoir le traitement attaché à leur grade ou emploi et reçoivent les deux tiers du traitement affecté au titulaire de la fonction.

3. Ceux qui remplissent par intérim les emplois de commandant particulier, chef du service dans l'Inde, *commandant militaire*[1], ordonnateur ou chef de service administratif, directeur de l'intérieur, procureur général ou chef du service judiciaire, reçoivent pendant la durée de leur intérim un traitement composé :

1° D'une somme égale au montant des allocations de toute nature de l'emploi dont ils sont titulaires;

2° De moitié de la différence entre le total de ces allocations et le traitement attribué à l'emploi exercé par intérim.

4. Ces dispositions ne sont pas applicables aux fonctionnaires envoyés de France ou d'une autre colonie pour faire un intérim; ceux-ci reçoivent la totalité du traitement dévolu au titulaire.

ART. 11.

Officier ou autre admis à faire valoir ses droits à la retraite.

1. Les officiers, aspirants, fonctionnaires ou agents présents en France sont rayés des contrôles à compter du lendemain de la notification de leur admission à faire valoir leurs droits à la retraite. La jouissance de leur pension court à partir de la même date.

[1] *Commandants militaires.* — C'est à tort qu'ils figurent à cet article. Les officiers appelés à exercer ces fonctions sont régis, sous le rapport de la solde, par l'ordonnance du 22 juin 1847. (Circulaire du 12 décembre 1877, *B. O.*, p. 794.)

2. Toutefois, lorsqu'il y a lieu, le Ministre, par décision spéciale, peut les maintenir en service pendant un délai qui n'excède pas trois mois.

En attendant qu'ils soient mis en possession de leur brevet de pension de retraite, les officiers, aspirants, fonctionnaires ou agents maintenus en activité continuent à recevoir, par mois et à terme échu, la solde et les accessoires de solde de leur grade, suivant la position qu'ils occupent.

Les officiers ou autres admis à la retraite et qui n'ont pas été maintenus en service peuvent recevoir, sur leur demande, en attendant la remise de leur brevet de pension, une allocation temporaire égale au minimum de la pension de retraite de leur grade et imputable sur les crédits du budget, au titre du corps auquel ils appartenaient.

Cette allocation, qui est payable par mois et à terme échu comme la solde, leur est précomptée sur les premiers arrérages de leur pension de retraite [1].

Art. 12.

La solde due aux officiers, aspirants, fonctionnaires ou agents décédés est acquise jusqu'au jour inclus du décès, à leurs héritiers ou ayants droit, sous la déduction des reprises dont cette solde peut être passible en vertu des règlements.

Solde due aux officiers et autres décédés.

Art. 13.

Les diverses allocations qui composent le traitement de grade ou d'emploi sont déterminées d'après les tarifs annexés au présent décret.

La quotité des allocations de toute nature est déterminée par les tarifs.

Art. 14.

1. La solde des officiers, aspirants, fonctionnaires ou agents présents à terre se paye par mois et à terme échu, excepté dans le cas de changement de destination.

Mode de payement de la solde.

2. Les suppléments de solde, les indemnités de représentation et de logement, les frais de bureau, les frais de tournées et les autres accessoires de solde inhérents aux positions respectives des officiers ou autres en activité de service à terre sont également payés dans les mêmes conditions, et compris sur les mêmes mandats ou états de payement que la solde.

3. Tout payement d'avances est formellement interdit, hors les cas déterminés par les articles 182, 183, 184 et 185 ci-après.

4. Le payement de la solde et des accessoires de la solde pour les officiers, aspirants ou agents embarqués est soumis à des règles spéciales.

[1] L'allocation temporaire sera désormais payée par la Caisse des Invalides. (Circulaire du 26 mai 1876, *B. O.*, p. 844.)

ART. 15.

Mode de décompter la solde.

1. La solde et les accessoires de la solde se décomptent par mois, à raison de la douzième partie de la fixation annuelle, et par jour, à raison de la trentième partie de la fixation mensuelle.

2. Les journées à ajouter au mois de février pour compléter le nombre trente se décomptent sur pied de la solde fixée pour la position dans laquelle se trouve l'officier ou agent au dernier jour de ce mois.

ART. 16.

Cas où le cumul de la solde avec un traitement d'activité est autorisé.

La solde d'activité ou de non-activité ne peut être cumulée avec un traitement quelconque à la charge de l'État ou des communes, sauf dans le cas prévu par les articles 65 à 67 et 270 à 275 du décret du 31 mai 1862, portant règlement général sur la comptabilité publique [1], et par la loi du

[1] Décret du 31 mai 1862, *art. 65.* — Il est interdit de cumuler en entier le traitement de plusieurs places, emplois ou commissions; en cas de cumul de deux traitements, le moindre est réduit à moitié; en cas de cumul de trois traitements, le troisième est, en outre, réduit au quart, et ainsi de suite, en observant cette proportion.

La réduction portée par le présent article n'a pas lieu pour les traitements cumulés qui sont au-dessous de 3,000 francs, ni pour les traitements plus élevés qui en ont été exceptés par les lois (*a*).

Art. 66. — Les professeurs, les gens de lettres, les savants et les artistes peuvent, sans qu'il leur soit fait application de la règle ci-dessus, remplir plusieurs fonctions et occuper plusieurs chaires rétribuées sur les fonds du Trésor public.

Néanmoins, le montant des traitements, tant fixes qu'éventuels, ne peut dépasser 20,000 francs (*b*).

Art. 67. — Ne sont pas soumis aux dispositions prohibitives du cumul de traitement, ceux des maréchaux et des amiraux, les dotations allouées aux sénateurs, les traitements de la Légion d'honneur, les rentes viagères attribuées à la médaille militaire, les pensions de retraite pour services militaires, les pensions de donataires et celles qui sont accordées à titre de récompense nationale (*c*).

Art. 270. — Le cumul de deux pensions est autorisé dans la limite de 6,000 francs, pourvu qu'il n'y ait pas double emploi dans les années de service présentées par la liquidation.

La disposition qui précède n'est pas applicable aux pensions que des lois spéciales ont affranchies des prohibitions du cumul (*d*).

Art. 271. — Les pensions de retraite pour services militaires peuvent se cumuler avec un traitement civil d'activité, excepté le cas où des services civils ont été admis comme complément du droit à ces pensions (*e*).

Les pensions militaires de réforme sont, dans tous les cas, cumulables avec un traitement civil d'activité (*f*).

Art. 272. — Les pensions des vicaires généraux, chanoines et celles des curés de canton septuagénaires peuvent se cumuler avec un traitement d'activité, jusqu'à concurrence de 2,500 francs.

Les pensions des académiciens et hommes de lettres attachés à l'instruction publique, à la

(*a*) Loi du 28 avril 1816, art. 78.

(*b*) Loi du 8 juillet 1852, art. 28.

(*c*) Loi du 26 juillet 1821, art. 6, et lois diverses concernant les pensions accordées à titre de récompense nationale (décret du 24 mars 1852).

(*d*) Loi du 9 juin 1853, art. 31.

(*e*) Loi des 25 mars 1817, art. 27, et 11 avril 1831, art. 4 et 27.

(*f*) Loi du 19 mai 1834.

16 février 1872, qui règle, au point de vue de l'indemnité, la situation des fonctionnaires nommés députés à l'Assemblée nationale[1].

Art. 17.

1. Les officiers, aspirants, fonctionnaires ou agents doivent être pourvus de livrets destinés à constater leur situation financière chaque fois qu'ils changent de position. Ces livrets sont délivrés, suivant le cas, par le com- Livret de solde.

Bibliothèque impériale, à l'Observatoire ou au Bureau des longitudes peuvent, quand elles n'excèdent pas 2,000 francs (et jusqu'à concurrence de cette somme, si elles l'excèdent) se cumuler avec un traitement d'activité, pourvu que la pension et le traitement ne s'élèvent pas ensemble à plus de 6,000 francs (a).

Art. 273. — Le titulaire de deux pensions, l'une sur le Trésor, l'autre sur les anciennes caisses de retenues des ministères et administrations, peut en jouir indistinctement, pourvu qu'elles ne se rapportent ni aux mêmes temps, ni aux mêmes services (b).

Art. 274. — Ne sont pas soumis aux dispositions prohibitives du cumul des pensions les dotations de sénateur, les pensions à titre de récompense nationale, les pensions accordées aux anciens donataires et à leurs veuves, les traitements de la Légion d'honneur et les rentes viagères attribuées aux médaillés militaires (c).

Art. 275. — Toute autre exception aux lois prohibitives du cumul est autorisée par une disposition spéciale de la loi.

[1] *Loi du 16 février 1872.*

Art. 1er. — Les fonctionnaires de tout ordre élus députés à l'Assemblée nationale et les membres de cette assemblée auxquels des fonctions publiques rétribuées ont été conférées depuis leur élection touchent, comme les autres représentants, l'indemnité législative établie, avec interdiction du cumul par le décret du 29 janvier 1871.

Art. 2. — Si le chiffre de l'indemnité est supérieur à celui du traitement du fonctionnaire, ce traitement est ordonnancé en totalité au profit du Trésor, pendant la durée du mandat législatif.

Art. 3. — Si le chiffre du traitement est supérieur à celui de l'indemnité, le fonctionnaire député ne touche, pendant la même période, que la portion de son traitement net excédant ladite indemnité.

Art. 4. — Dans les cas prévus pas les articles 2 et 3, les droits du fonctionnaire à une pension de retraite continueront à courir, comme s'il jouissait sans interruption de la totalité de son traitement.

Art. 5. — Les traitements dont il est question aux articles 2 et 3 comprennent, pour tous les fonctionnaires civils et militaires, l'ensemble des traitements et suppléments de toute nature assujettis à la retenue au profit du Trésor et alloués par les règlements à la position d'activité, sauf les indemnités de représentation et les frais de bureau.

Art. 6. — Sont exceptés des dispositions des mêmes articles, les pensions de retraites civiles et militaires, le traitement des officiers généraux admis dans le cadre de réserve, la solde ou pension des officiers mis en réforme, les traitements afférents aux décorations de la Légion d'honneur, les rentes viagères attribuées aux médaillés militaires, les pensions allouées à titre de récompense nationale.

Art. 7. — Ne sont soumises à aucune répétition les sommes perçues jusqu'à la promulgation de la présente loi, en vertu de l'arrêté du 6 août 1871, par les officiers membres de l'Assemblée nationale.

(a) Loi du 15 mai 1818, art. 12.

(b) Ordonnance du 8 juillet 1818.

(c) Loi du 26 juillet 1821, art. 6; décret du 24 mars 1852.

missaire aux revues ou aux armements, ou par les trésoriers des divisions ou des bâtiments, qui doivent y mentionner les mutations, les congés, permissions ou délais de route, les allocations de solde et d'accessoires de solde, les délégations, le traitement de table, les payements effectués à quelque titre que ce soit (solde ou frais de route); enfin les dettes à l'État et apostilles de toute nature [1].

Lorsqu'un officier ou autre débarqué d'un bâtiment s'éloigne du port sans avoir été affecté à un service à terre, c'est au commissaire aux revues qu'il appartient de consigner sur le livret s'il a ou non effectué un payement de solde à terre ou de frais de route à l'intéressé.

2. Les livrets sont renouvelés lorsqu'ils sont entièrement remplis. Il est interdit d'y ajouter des feuillets supplémentaires. Les officiers et autres conservent leurs anciens livrets. Mention de la délivrance d'un nouveau livret est faite sur l'ancien par le fonctionnaire qui opère le renouvellement.

3. En cas de perte d'un livret, le titulaire en fait la déclaration par écrit au fonctionnaire chargé de pourvoir au payement de sa solde. Il mentionne en même temps, dans sa déclaration, la date à laquelle il a cessé d'être payé, ainsi que toutes les indications propres à faire apprécier sa position financière.

La déclaration de l'officier est reproduite *in extenso* sur le nouveau livret par le fonctionnaire qui le délivre.

Dans le cas prévu ci-dessus, l'officier, fonctionnaire ou agent, ne peut être rappelé de sa solde arriérée qu'après réception des pièces officielles établissant sa situation financière; il ne peut prétendre jusque-là qu'au payement de sa solde courante, à partir du premier jour du mois dans lequel sa déclaration a été faite.

CHAPITRE II.

Solde d'activité.

Section Ire. — Solde de présence.

§ 1er. *Dispositions générales.*

Art. 18.

Positions générales donnant droit à la solde de présence.

La solde de présence est allouée aux officiers, aspirants, fonctionnaires ou agents qui se trouvent dans les positions ci-après :

Présents à leur poste ou faisant route pour s'y rendre.

En mission ou momentanément détachés par ordre.

[1] Indications à porter sur les livrets des officiers, en ce qui concerne la filiation, ainsi que le lieu et la date de naissance. (Circulaire du 1er juin 1875, *B. O.*, p. 618.)

§ 2. *Solde de présence à la mer.*

Art. 19.

Positions donnant droit à la solde de présence à la mer.

La solde à la mer proprement dite déterminée par les tarifs annexés au présent décret est allouée :

1° Aux officiers des divers corps de la marine embarqués par suite d'une destination active à la mer sur les bâtiments de l'État armés, en armement ou placés dans la première catégorie de la réserve;

2° Aux officiers des mêmes corps détachés des bâtiments de l'État pour remplir une mission ou un service hors du bord;

3° Aux mêmes officiers embarqués par ordre supérieur, comme passagers, à bord d'un bâtiment de l'État ou d'un navire du commerce, à moins qu'il ne s'agisse d'officiers, fonctionnaires, ou agents du service colonial, qui reçoivent dans cette position leur solde d'Europe comme solde de traversée;

4° A tout officier embarqué au titre du service métropolitain, pour la période de temps qu'il passe à terre, lorsqu'il est débarqué outre-mer en expectative d'embarquement sur un autre navire, à l'effet de suivre sa destination;

5° A tout officier du même service rapatrié par suite de naufrage, hors des côtes de France, jusqu'au jour de son débarquement du bâtiment à bord duquel il effectue son retour;

6° Aux officiers et agents des divers corps de la marine faisant partie de l'équipage d'un bâtiment et qui sont traités à bord des bâtiments de l'État. Ils continuent, en cas de maladie, d'avoir droit, sans interruption, à la solde de présence à bord, sans qu'il soit exercé sur cette solde aucune retenue d'hôpital;

7° Aux officiers et agents appartenant à l'équipage d'un bâtiment de l'État, lorsqu'ils sont admis dans un hôpital à terre aux colonies ou à l'étranger. Ils conservent la solde de présence à la mer, sous la déduction de la retenue d'hôpital.

Le rappel de cette solde leur est fait, au titre de leur bâtiment, s'ils le rejoignent à leur sortie de l'hôpital ou s'ils sont embarqués sur un navire du commerce. Dans le cas contraire, ils sont rappelés de leur solde depuis le jour de leur entrée à l'hôpital au compte du premier bâtiment de l'État sur lequel ils sont embarqués.

Ils conservent également la solde à la mer lorsqu'ayant été admis à l'hôpital en France, ils rejoignent leur bâtiment à leur sortie de l'hôpital. Dans le cas contraire, ils sont débarqués du jour de leur entrée à l'hôpital et n'ont droit, par suite, qu'à la solde à terre.

8° La solde à la mer est également allouée aux officiers de marine de tout grade, en service près du Président de la République, du Ministre de la marine, des amiraux et des vice-amiraux commandant en chef, préfets maritimes.

ART. 20.

Positions donnant droit à la solde d'état-major général ou d'officier en second.

1. Les officiers de marine et les aspirants attachés aux états-majors généraux des armées, escadres ou divisions navales ou employés comme capitaines de pavillon ou comme seconds sur les bâtiments de l'État, reçoivent, pour la durée effective de leurs fonctions à bord, en ces qualités, une solde spéciale, dite d'état-major général ou d'officier en second, déterminée par les tarifs annexés au présent décret[1].

2. Lorsque les titulaires se trouvent momentanément absents du bord, à raison de mission, de permission d'absence ou d'entrée à l'hôpital à terre, ils conservent la solde d'état-major général ou d'officier en second, s'ils n'ont pas été remplacés dans leurs fonctions. En cas de remplacement, cette même solde est allouée aux officiers qui les suppléent par ordre; mais elle est décomptée seulement sur le taux accordé pour le grade dont l'intérimaire est réellement pourvu. Dans ce cas, les titulaires ne conservent que la solde à la mer proprement dite.

3. Les officiers de marine en service près du Président de la République, du Ministre de la marine ou des amiraux reçoivent également la solde dite d'état-major général, lorsqu'ils sont envoyés en mission à la mer, mais cette concession est limitée à une période de trois mois.

4. L'officier en second d'un bâtiment présent sur une rade ou dans un port de France conserve la solde spéciale attribuée à cette fonction, lorsque le commandant est absent du bord en vertu d'une permission ou par suite de son entrée à l'hôpital.

5. Si le bâtiment prend la mer pendant l'absence du commandant titulaire, ou si cet officier obtient un congé, l'officier en second est investi du commandement provisoire et reçoit les allocations attribuées à cette position. Dans ce cas, la solde d'officier en second est dévolue à l'officier le plus élevé en grade ou à l'officier le plus ancien qui le remplace dans ces fonctions.

ART. 21.

Officiers supérieurs du commissariat, du service de santé ou du génie maritime, attachés aux états-majors généraux.

1. Les officiers supérieurs du commissariat, du service de santé et du génie maritime, embarqués en vertu d'une commission spéciale du Ministre, pour exercer les fonctions de commissaire, de médecin en chef ou de médecin principal d'armée, d'escadre ou de division, ou celles d'ingénieur d'armée ou d'escadre, reçoivent la solde d'état-major général, mais seulement pendant la durée effective de leurs fonctions.

2. Cette même solde est allouée aux officiers du commissariat attachés à un état-major général.

[1] L'officier qui, tout en conservant ses fonctions d'aide de camp, d'officier d'ordonnance ou de secrétaire, est appelé à exercer le commandement d'un bâtiment, n'a droit qu'à la solde à la mer. (Circulaire du 26 mai 1876, *B. O.*, p. 846.)

3. Les dispositions du deuxième paragraphe de l'article 20 précédent sont applicables à ces emplois.

ART. 22.

Officiers du commissariat, du service de santé et du génie maritime, chargés dans une division navale de centraliser le service.

1. Les officiers du commissariat, du service de santé et du génie maritime, membres de l'état-major d'un bâtiment et pourvus, en conformité des articles 605, 638 et 652 du décret du 20 mai 1868, d'une commission de sous-commissaire, de médecin de division ou de sous-ingénieur, ont droit à la solde d'état-major général.

2. Les dispositions du deuxième paragraphe de l'article 20 sont applicables à ces emplois.

ART. 23.

Fixation de la solde des officiers auxiliaires et des secrétaires civils des officiers généraux pourvus d'un commandement à la mer.

1. Les officiers de marine auxiliaires et les officiers de santé auxiliaires, autres que ceux du service colonial, reçoivent, lorsqu'ils sont embarqués, la solde et les accessoires de la solde sur le même pied que les officiers entretenus de ces corps, dans les limites de durée déterminées par l'article 8.

2. Toute personne étrangère à la marine employée exceptionnellement, en vertu des dispositions du paragraphe 4 de l'article 58 du décret du 20 mai 1868 [1], comme secrétaire d'un officier général reçoit une solde spéciale déterminée par le tarif n° 8, annexé au présent décret.

ART. 24.

Disparition d'un bâtiment en mer. — Époque de la cessation de la solde.

1. En cas de disparition d'un bâtiment en mer, le droit à l'allocation de la solde pour les officiers, aspirants, fonctionnaires et agents présents à bord à la date des dernières nouvelles, est arrêté au terme de deux mois, à compter de cette date, sans préjudice des dispositions de l'article 72 concernant les délégations [2].

2. La présomption de perte est établie par décision du Ministre de la marine, rendue, à raison des voyages, au terme des délais ci-après déterminés, à compter de la date des dernières nouvelles, savoir :

[1] *Article 58, § 4, du décret du 20 mai 1868.* — Les officiers généraux, commandant en chef ou en sous-ordre choisissent pour secrétaire un lieutenant de vaisseau. Ils peuvent, toutefois, avec l'autorisation particulière du Ministre, prendre, en cas de mission spéciale, pour secrétaire, soit un officier des autres corps de la marine, soit une personne étrangère au département. Cette personne est admise à la table de l'état-major.

[2] Les sommes dues aux officiers, aspirants, fonctionnaires ou agents présents à bord, à la date des dernières nouvelles, sont versées à la caisse des gens de mer. Elles peuvent être payées sur la production des procurations consenties par les intéressés, mais seulement jusqu'au jour où la présomption de perte a été établie. (Dépêche du 5 janvier 1863. — Invalides.) A partir de ce moment, il n'est effectué de payement que sur preuve administrative de décès, et le département de la marine provoque, auprès du département de la justice, la régularisation d'office de l'état civil des naufragés, pour lesquels des actes de décès ne peuvent être établis en temps utile. Les jugements déclaratifs du décès sont envoyés aux maires des communes intéressées. (Dépêches des 3 mai 1866, 29 mars 1867 et 8 janvier 1870. — Équipages de la flotte.)

Trois mois, pour les bâtiments destinés à naviguer dans les mers d'Europe;
Six mois, pour les bâtiments destinés à naviguer dans l'océan Atlantique;
Un an, pour les bâtiments destinés à naviguer au delà du cap Horn, ou du cap de Bonne-Espérance, ou dans les mers polaires du Nord et du Sud.

§ 3. *Solde de présence à terre en Europe.*

Art. 25.

Position donnant droit à la solde de présence à terre en Europe.

La solde de présence à terre en Europe est allouée aux officiers, aspirants, fonctionnaires et agents présents à terre, dans les positions prévues par les articles 18, 28, 29 et 30 du présent décret.

Art. 26.

Vice-amiraux et contre-amiraux présents à terre, officiers et autres embarqués sur les bâtiments de la 2e et de la 3e catégorie, ainsi que sur le bâtiment central de la réserve. Capitaines de vaisseau et capitaines de frégate en résidence libre. Vacances du conseil d'amirauté, du conseil des travaux, etc.

1. La solde de présence à terre est allouée aux vice-amiraux et contre-amiraux, quelle que soit leur situation à terre, sauf les cas prévus à l'article 19 (position 8) et à l'article 20 (§ 3) du présent décret.

2. Elle est également allouée aux officiers et agents des divers corps de la marine embarqués sur les bâtiments de la deuxième et de la troisième catégorie de la réserve, ainsi que sur le bâtiment central.

3. Une solde spéciale équivalente à la solde à la mer, est allouée aux officiers des divers corps de la marine, en service près du Président de la République, du Ministre de la marine, des amiraux et des vice-amiraux commandant en chef, préfets maritimes [1].

4. Les capitaines de vaisseau et les capitaines de frégate autorisés à résider temporairement hors des ports ont droit à la solde de présence à terre.

5. Les vacances accordées aux membres du conseil d'amirauté et du conseil des travaux, ainsi qu'à d'autres officiers ou fonctionnaires lorsque leur emploi le comporte, sont considérées comme une position de présence. Pendant la durée de ces vacances, l'officier ou fonctionnaire conserve la totalité des allocations attribuées à sa fonction.

Art. 27.

Officiers, fonctionnaires et agent, membres des conseils généraux et des tribunaux, ou appelés en témoignage.

1. A droit à la solde de présence affectée à la position dans laquelle il se trouvait en dernier lieu, tout officier, aspirant, fonctionnaire et agent absent de son poste, soit pour siéger comme membre d'un conseil général de département, d'un conseil de guerre ou d'enquête, soit pour déposer devant un tribunal civil, maritime ou militaire, siégeant hors du lieu de sa résidence.

[1] En ce qui concerne les officiers du commissariat en service près des préfets maritimes, cette solde n'est due qu'à l'officier exerçant les fonctions de chef du secrétariat. (Circulaire du 28 août 1875.)

Les dispositions du paragraphe 3 de l'article 56 du présent décret sont applicables aux officiers visés dans le paragraphe 3 de l'article 26 ci-dessus, lorsque ces officiers sont absents par permission. (Circulaire du 29 septembre 1879.)

2. La durée de la mission est constatée, suivant le cas, par un certificat du préfet du département, ou du président du tribunal, ou de la commission.

3. Les officiers, aspirants, fonctionnaires et agents cités en témoignage sont rappelés de leur solde à leur retour, sur la production d'un certificat du président du tribunal constatant le jour où leur présence a cessé d'être nécessaire.

ART. 28.

Officiers ou autres appelés à faire partie d'un conseil général ou cités devant un tribunal étant en congé.

L'officier, aspirant, fonctionnaire ou agent qui, étant en congé, est appelé à siéger au conseil général d'un département ou cité en témoignage devant un tribunal civil, maritime ou militaire siégeant hors du lieu de sa résidence, est rappelé de sa solde de présence depuis le jour de son départ dudit lieu jusqu'à celui de sa rentrée dans ses foyers ou à son poste. Si, étant cité dans le lieu de son domicile, il est retenu au delà du terme de son congé, il a droit au rappel de la solde de présence à dater du lendemain de l'expiration dudit congé.

Ces rappels ont lieu sur la production du certificat exigé par l'article 27.

ART. 29.

Officiers ou autres rappelés avant l'expiration de leur congé.

1. L'officier, aspirant, fonctionnaire ou agent qui, étant en congé, reçoit l'ordre de rejoindre son poste, de se rendre à une nouvelle destination, ou de remplir une mission avant l'expiration de son congé, recouvre ses droits à la solde de présence à compter du jour de son départ, s'il arrive à sa destination à l'époque fixée par l'ordre qu'il a reçu.

2. L'officier qui, étant en congé, est appelé, par ordre du Ministre, à faire partie momentanément d'une commission, recouvre ses droits à la solde de présence pour la durée de son service dans cette position.

ART. 30.

Officiers ou autres revenant de captivité à l'ennemi.

1. L'officier, aspirant, fonctionnaire ou agent qui revient de captivité à l'ennemi reçoit la solde d'activité de son grade ou de son emploi à compter du jour de sa rentrée en France, s'il n'a pas été remplacé dans son corps ou à son poste et s'il le rejoint immédiatement.

2. S'il a été mis en non-activité, il reçoit la solde affectée à cette position, également à compter du jour de sa rentrée en France. L'agent qui n'est pas susceptible d'être mis en non-activité reçoit s'il est licencié, une indemnité une fois payée égale à un mois de sa solde de présence à terre.

ART. 31.

Élèves dirigés sur leur port immédiatement après leur sortie de l'école.

1. Les élèves sortant de l'École polytechnique ou de l'École navale pour être employés au service de la marine ont droit à la solde de présence du grade qui leur a été conféré ou de l'emploi qu'ils sont destinés à remplir

lorsque, après leur sortie de l'École, ils reçoivent l'ordre de se rendre immédiatement au poste qui leur a été assigné.

2. Ils sont rappelés de ladite solde à compter du jour de leur départ dûment constaté.

3. Dans le cas contraire, ils n'ont droit qu'à la solde de congé, ainsi qu'il est dit à l'article 50 ci-après.

§ 4. *Solde coloniale.*

Art. 32.

Positions donnant droit à la solde coloniale.

1. La solde coloniale est allouée aux officiers, aspirants, fonctionnaires et agents pendant la durée de leur service aux colonies.

2. Les officiers, aspirants, fonctionnaires et agents qui sont envoyés en mission dans la colonie à laquelle ils appartiennent, dans une autre colonie française ou en pays étrangers hors d'Europe sans cesser d'appartenir au service de la colonie dont ils sont momentanément détachés, continuent d'avoir droit à la solde coloniale cumulativement avec les allocations auxquelles ils peuvent prétendre pour l'accomplissement de leur mission.

3. Le droit à la solde coloniale court du jour du débarquement aux colonies et cesse le jour de l'embarquement pour rentrer en France.

4. Il est fait exception à cette règle, à l'égard des gouverneurs, commandants de colonie et chefs d'administration. Ces fonctionnaires reçoivent le traitement d'Europe à partir du jour de leur nomination et le traitement de leur emploi à compter du jour de leur entrée en fonction. Lorsqu'ils sont remplacés, ils reçoivent, s'ils appartiennent à un corps de la marine, à compter du jour de la remise de leur service, la solde d'Europe de leur emploi, ou la solde de leur grade si cette dernière est supérieure à la première. Les gouverneurs, commandants de colonie et chefs d'administration de l'ordre civil reçoivent, dans cette dernière position, une solde spéciale [1].

5. Il est également fait exception à cette règle à l'égard des évêques, qui n'entrent en possession de leur traitement qu'après la publication des bulles relatives à l'institution canonique, et à l'égard des vicaires généraux, qui ne reçoivent leur traitement qu'à compter du jour où ils sont agréés par le gouverneur de la colonie.

6. La solde coloniale pour les officiers, fonctionnaires et agents appartenant à l'un des corps de la marine est déterminée par les tarifs annexés au présent décret. Pour les fonctionnaires et agents de l'ordre civil, elle est fixée par décision spéciale du Ministre, lorsqu'elle n'a pas été déterminée par des décrets spéciaux.

[1] *Interprétation du paragraphe 4.* — Fonctionnaires des corps de la marine séjournant aux colonies après avoir remis leur service. (Circulaire du 17 mai 1879. *B. O.*, p. 950.)

ART. 33.

Officiers, fonctionnaires et agents du service colonial promus à un nouveau grade ou nommés à une nouvelle fonction ou à un nouvel emploi.

1. Les officiers appartenant à l'un des corps de la marine ont droit, lorsqu'ils sont promus à un nouveau grade étant en service aux colonies, à la solde de ce grade à compter de la date du décret ou de la décision qui les concerne.

2. Les fonctionnaires et agents de l'ordre civil qui, étant en service dans une colonie, sont nommés à une nouvelle fonction ou à un nouvel emploi et qui sont appelés à se déplacer par suite de leur nomination, ne reçoivent la solde coloniale du nouvel emploi qu'à compter du jour de leur arrivée dans la colonie où ils doivent continuer leur service. Depuis le jour de leur nomination jusqu'au jour de leur départ pour suivre leur destination, ils reçoivent un traitement transitoire égal au montant de la solde coloniale de leur ancien emploi [1]. Du jour de leur départ ou de leur embarquement jusqu'à leur arrivée à destination, ils ont droit à la solde d'Europe du nouvel emploi. Ceux qui sont promus dans les colonies sans déplacement reçoivent la solde de leur nouvel emploi à compter du jour où ils prennent possession du service.

ART. 34.

Cas où les officiers, fonctionnaires et agents du service colonial reçoivent la solde dite d'Europe.

1. La solde d'Europe pour les divers corps de la marine est la même que la solde de présence à terre prévue par les tarifs annexés au présent décret. Celle des fonctionnaires et agents est réglée par des décisions ministérielles quand elle n'a pas été déterminée par des décrets spéciaux.

2. Lorsqu'un fonctionnaire colonial est pourvu d'un grade dans l'un des corps de la marine, il reçoit, s'il a droit à la solde d'Europe, celle de son grade si elle est plus élevée que le traitement d'Europe de sa fonction.

3. La solde d'Europe est allouée aux officiers, fonctionnaires et agents du service colonial dans les positions ci-après :

1° En France, lorsqu'ils sont en expectative de départ, ou à la disposition du Ministre, excepté dans les cas prévus par l'article 59 ci-après;

2° En cours de traversée, sauf le cas où conformément à l'article 32, ils sont embarqués pour se rendre en mission sur un autre point de la même colonie ou dans une autre colonie ainsi qu'en pays étrangers hors d'Europe;

3° De passage dans une colonie française pendant le cours d'un voyage effectué pour se rendre à leur poste ou pour opérer leur retour en France;

4° Envoyés sur un autre point de la même colonie pour suivre une nouvelle destination hors de cette colonie;

5° En mission en France ou dans un pays d'Europe.

4. Les inspecteurs en chef coloniaux et les fonctionnaires attachés à l'ins-

[1] Ce traitement se décompose comme suit :
1° Solde d'Europe du nouvel emploi;
2° Différence entre cette solde et le montant de la solde coloniale de l'ancien emploi.

pection coloniale reçoivent la solde d'Europe pendant leur séjour aux colonies ainsi qu'à bord des bâtiments de l'État, des paquebots ou des navires du commerce.

§ 5. *Solde en Algérie.*

ART. 35.

Positions donnant droit à la solde en Algérie.

1. La solde en Algérie est allouée aux officiers, aspirants, fonctionnaires ou agents pendant la durée de leur service en Algérie.

2. Le droit à ladite solde court du jour du débarquement en Algérie et cesse du jour de l'embarquement pour rentrer en France.

SECTION II. — SOLDE D'ABSENCE.

§ 1er. *Solde de congé.*

ART. 36.

Nul ne peut s'absenter qu'en vertu d'un congé ou d'une permission.

1. Hors les cas de maladie constatée, d'entrée à l'hôpital ou de mission, nul ne peut s'absenter de son poste qu'en vertu d'un congé ou d'une permission.

2. Toute absence autorisée prend le nom de congé lorsqu'elle s'applique à une période de temps de plus de trente jours, et celui de permission lorsqu'elle se rapporte à une période égale ou inférieure à ce nombre de jours, sauf l'exception prévue par l'article 56 (§ 8) ci-après.

ART. 37.

Différentes espèces de congé.

On distingue sept espèces de congés:

1. Les congés pour affaires personnelles;

2. Les congés accordés:

1° Aux officiers, aspirants, fonctionnaires ou agents, au retour d'une campagne de mer d'une année de durée au moins;

2° Aux officiers, fonctionnaires et agents du service colonial, après un séjour consécutif aux colonies dont la durée minimum est fixée comme suit:

Trois ans pour les colonies du Sénégal, de la Cochinchine, de la Guyane, du Gabon, de Mayotte et dépendance et de Sainte-Marie de Madagascar;

Cinq ans pour les autres colonies;

3° Aux officiers et agents du service métropolitain, après la durée de la période réglementaire du service colonial.

3. Les congés accordés aux officiers du corps de santé de la marine, soit pour obtenir des facultés de médecine ou des écoles de pharmacie le diplôme de docteur ou celui de pharmacien universitaire, soit pour étendre et perfectionner leurs connaissances dans les principales écoles de médecine ou de pharmacie, ainsi qu'aux officiers de santé auxiliaires du service colonial qui viennent en France subir les épreuves du concours pour l'avancement;

4. Les congés de convalescence;

5. Les congés pour faire usage des eaux thermales ou minérales;

6. Les congés accordés aux officiers autorisés à prêter leur concours à des entreprises industrielles;

7. Les congés spéciaux accordés aux fonctionnaires et agents provenant d'autres départements ministériels en expectative de réintégration dans ces départements.

Art. 38.

1. Les congés sont concédés :

Congés; par qui accordés.

Aux officiers, aspirants, fonctionnaires et agents entretenus servant en France ou à la mer, par le Ministre de la marine;

Aux officiers, fonctionnaires et agents servant dans les colonies, par le Ministre ou par les gouverneurs et commandants desdites colonies, d'après les instructions spéciales arrêtées à cet effet. Les gouverneurs rendent compte immédiatement au Ministre des congés qu'ils accordent;

Aux divers agents non entretenus servant en France, par l'autorité locale et dans la limite de trois mois.

2. Dans tous les cas, le titre dont l'officier, fonctionnaire ou agent doit être porteur lui est délivré par le chef du service auquel il appartient.

Art. 39.

Congés pour affaires personnelles.

1. Les congés pour affaires personnelles donnent droit à la moitié de la solde de présence à terre.

2. Toutefois, les aumôniers en service dans les établissements à terre qui, à défaut d'aumôniers de la flotte à terre sans emploi, se trouvent dans la nécessité de se faire remplacer, pendant la durée de leur congé, dans l'exercice de leurs fonctions, par un ecclésiastique étranger à la marine, conservent l'intégralité de leur solde de présence. Les professeurs d'hydrographie et les trésoriers des Invalides absents de leur poste avec autorisation conservent également la totalité de leur traitement lorsqu'ils ont pourvu eux-mêmes à leur remplaceemnt.

3. Les gouverneurs et commandants de colonies, ainsi que les évêques, ont droit à la solde d'Europe pendant la durée des congés pour affaires personnelles.

Art. 40 (1).

Congés au retour d'une campagne de mer ou après un séjour dans les colonies.

1. Les congés accordés aux officiers, aspirants, fonctionnaires ou agents, au retour d'une campagne de mer d'une année de durée au moins, donnent

(1) *Article 40.* — Un officier n'ayant pas demandé de congé à son débarquement d'un bâtiment ne peut invoquer le temps qu'il a passé à bord de ce bâtiment, après une campagne de moins d'un an sur un autre navire; il n'a droit qu'à un congé à demi-solde. (Dépêche à Toulon le 18 mars 1876.)

droit, pendant six mois au plus, aux deux tiers de la solde de présence à terre.

2. Les congés accordés après trois ou cinq années de séjour consécutif aux colonies, suivant le cas, ou après l'accomplissement de la période réglementaire de service colonial, donnent également droit, pendant six mois, aux deux tiers de la solde à terre, c'est-à-dire, pour les officiers fonctionnaires et agents du service colonial, aux deux tiers de la solde d'Europe.

3. Des prolongations de congé qui n'auront pas pour objet d'étendre la durée de l'absence au delà d'une année peuvent être accordées par le Ministre, et donnent droit à la moitié de la solde de présence à terre ou de la solde d'Europe, suivant le cas.

4. Les congés prévus par les paragraphes 1 et 2 du présent article ne peuvent être accordés que dans les trois mois qui suivent le retour en France.

5. Lorsque les officiers ou aspirants obtiennent des congés pour aller aux colonies, ils n'ont pas droit à la solde à la mer pendant la traversée.

Art. 41.

Congés accordés aux officiers du corps de santé de la marine dans l'intérêt de leur instruction.

1. Il est accordé aux médecins de la marine, pour se pourvoir du titre de docteur en médecine devant les facultés, et aux pharmaciens de la marine, pour se pourvoir du titre de pharmacien universitaire de 1re classe devant les écoles supérieures de pharmacie, des congés leur donnant droit, pendant trois mois, à l'intégralité de la solde de présence. Cette concession ne peut se renouveler à solde entière.

2. Les médecins de 2e classe promus à ce grade à partir de la promulgation du présent décret peuvent obtenir, après l'accomplissement dans leur grade d'une période régulière de service à la mer ou aux colonies, un congé de six mois à solde entière pour aller subir les épreuves du doctorat en médecine devant l'une des facultés. Ce congé à solde entière ne peut être prolongé ni renouvelé.

3. Les pharmaciens de 2e classe promus à ce grade depuis la promulgation du présent décret peuvent obtenir, après l'accomplissement dans leur grade d'une période régulière de service à la mer ou aux colonies, un congé de quatre mois à solde entière pour aller subir les épreuves de pharmacien universitaire de 1re classe devant une des écoles supérieures de pharmacie. Ce congé à solde entière ne peut être prolongé ni renouvelé.

4. Les congés accordés aux médecins et pharmaciens principaux ou de 1re classe autorisés à se rendre auprès des facultés de médecine ou des écoles de pharmacie, à l'effet de se préparer au concours pour le grade de professeur dans les écoles de médecine navale, donnent droit à l'intégralité de la solde de présence pendant une année. Cette concession ne peut se renouveler.

5. Des congés accordés aux médecins de 1re classe agrégés du cours

d'accouchement et des maladies des femmes et des enfants, autorisés à se rendre devant les facultés en vue de se préparer à l'enseignement de ce cours, donnent droit à l'intégralité de la solde de présence pendant six mois. Cette concession ne peut se renouveler.

6. Les congés accordés aux médecins et pharmaciens en chef attachés aux écoles de médecine navales et aux professeurs autorisés à se rendre près des facultés, dans l'intérêt de l'enseignement de ces écoles, donnent droit, pendant quatre mois, à l'intégralité de la solde de présence. Cette concession ne peut se renouveler que de cinq ans en cinq ans.

7. L'officier du corps de santé qui se trouve dans l'un des cas prévus au présent article est tenu, pour obtenir le payement de sa solde, de produire un certificat mensuel constatant sa présence dans la faculté de médecine ou l'École supérieure de pharmacie. Ce certificat administratif, délivré par le secrétaire de la faculté ou de l'école, doit être visé par le doyen de la faculté ou par le directeur de l'école.

8. Les officiers de santé auxiliaires qui, après un séjour aux colonies, viennent en France avec une autorisation du Ministre pour subir les épreuves d'un concours pour l'avancement ont droit à l'indemnité représentative de la solde d'Europe jusqu'au jour où le Ministre a statué sur la destination à leur donner à la suite du concours.

9. Ces congés ne peuvent être accordés qu'après un séjour consécutif de trois ans dans toutes les colonies.

10. Si ces officiers de santé auxiliaires laissent passer le concours sans y prendre part, ils sont considérés comme étant en congé sans solde à compter du jour de leur débarquement en France.

Art. 42 [1].

Congés de convalescence.

1. Les congés de convalescence donnent droit à la moitié de la solde de présence à terre ou de la solde d'Europe, sauf les exceptions ci-après :

2. Les officiers, aspirants, fonctionnaires ou agents qui obtiennent un

[1] *Article 42.* — Par décret du 17 août 1879, cet article a été modifié ainsi qu'il suit :

§ 2. Les officiers, aspirants, fonctionnaires ou agents qui obtiennent un congé de convalescence dans les deux mois qui suivent leur débarquement, après un embarquement d'une durée *d'un an* au moins ou un séjour *d'égale durée* aux colonies, conservent la solde de présence à terre ou la solde d'Europe dans la limite *de trois mois, sur la proposition motivée de l'autorité supérieure locale et appuyée d'une délibération du conseil de santé.*

La même disposition est applicable aux officiers, fonctionnaires et agents du service colonial qui, ayant obtenu un congé de convalescence, passent ce congé aux colonies.

§ 3. La même solde *peut être* également conservée, mais dans la limite de deux mois seulement, aux officiers, fonctionnaires et agents servant en France et en Algérie, ainsi qu'à ceux qui, ayant été embarqués, ne remplissent pas les conditions exigées par le deuxième paragraphe ci dessus, *lorsque, après avoir été placés pendant quinze jours en observation à l'hôpital, ils obtiennent un congé de convalescence sur la proposition formelle de l'autorité supérieure locale, appuyée d'une délibération du conseil de santé.* Toutefois, la mise en observation à l'hôpital n'est pas exigée des officiers généraux et assimilés.

congé de convalescence dans les deux mois qui suivent leur débarquement, après un embarquement d'une durée de trois mois au moins ou un séjour aux colonies, conservent la solde de présence à terre ou la solde d'Europe dans la limite de six mois. La même disposition est applicable aux officiers, fonctionnaires et agents du service colonial qui, ayant obtenu un congé de convalescence, passent ce congé aux colonies.

3. Lorsque l'autorité supérieure locale en fait la demande formelle et motivée, la même solde est également conservée, mais dans la limite de trois mois seulement, aux officiers, fonctionnaires et agents servant en France et en Algérie qui obtiennent un congé de même nature, ainsi qu'à ceux qui, ayant été embarqués, ne remplissent pas les conditions exigées par le paragraphe 2 ci-dessus.

4. Sauf les cas extraordinaires et notamment ceux indiqués dans le paragraphe 3 du présent article, à l'égard desquels il sera statué par le Ministre de la marine, d'après une proposition spéciale et motivée, les prolongations de congé au même titre qui auront pour effet d'étendre la durée de l'absence au delà des délais ci-dessus spécifiés ne comporteront que la solde dite de congé (demi-solde).

5. Les officiers des divers corps de la marine et les aspirants, après une année d'absence en congé de convalescence, sont placés *d'office* dans la position de non-activité pour infirmités temporaires, à moins qu'il n'ait été reconnu par l'autorité médicale qu'un nouveau congé de six mois pourra leur permettre de reprendre le service actif [1]. Cette nouvelle prolongation ne donnera droit qu'à la solde de congé (demi-solde), à moins d'une décision spéciale et motivée du Ministre de la marine.

6. Après une année d'absence en congé de convalescence, les fonctionnaires et agents de l'ordre civil sont soumis à l'examen de l'autorité médicale; s'il est reconnu que la maladie est déterminée par l'une des causes exceptionnelles prévues par les paragraphes 1 et 2 de la loi du 9 juin 1853 [2],

[1] *Circulaire du 22 octobre 1846.* — Si les certificats de visite et de contre-visite constatent que l'officier est atteint d'infirmités qui ne sont pas incurables, mais qu'un congé de six mois serait insuffisant pour obtenir leur guérison, le préfet maritime proposera la mise en non-activité pour infirmités temporaires, conformément aux dispositions de l'article 5 de la loi du 19 mai 1834 sur l'état des officiers.

[2] *Loi du 9 juin 1853, article 11, § 1er.* — Les fonctionnaires et employés qui auront été mis hors d'état de continuer leur service, soit par suite d'un acte de dévouement dans un intérêt public ou en exposant leurs jours pour sauver la vie de l'un de leurs concitoyens, soit par suite de lutte ou combat soutenu dans l'exercice de leurs fonctions.

§ 2. Ceux qu'un accident grave, résultant notoirement de l'exercice de leurs fonctions, met dans l'impossibilité de les continuer.

Décret du 9 novembre 1853 portant règlement d'administration publique pour l'exécution de la loi du 9 juin 1853 sur les pensions civiles.

Article 18, § 8. — Si la maladie est déterminée par une des causes exceptionnelles prévues aux premier et deuxième paragraphes de l'article 11 de la loi du 9 juin 1853, le fonctionnaire peut conserver l'intégralité de son traitement jusqu'à son rétablissement ou jusqu'à sa mise à la retraite.

ils peuvent obtenir des prolongations de congé à solde entière jusqu'à leur rétablissement ou jusqu'à leur mise à la retraite. Dans le cas contraire, si les fonctionnaires et agents de l'ordre civil obtiennent des prolongations de congé, après une année d'absence, ils n'ont droit à aucune solde.

Art. 43.

Prolongations de congés.

Dans les cas prévus aux articles 39, 40 et 41, les prolongations qui ont pour effet d'étendre la durée totale de l'absence par congé au delà d'une année ne donnent droit à aucune solde.

Art. 44 (1).

Congés pour faire usage des eaux thermales ou minérales.

1. Des congés avec jouissance de la solde de présence à terre peuvent être accordés pour faire usage des eaux thermales ou minérales. La durée de ces congés est égale au double du temps passé dans les stations thermales ou minérales, sans pouvoir excéder la limite de deux mois.

2. Une prolongation d'un mois, avec jouissance de la même solde, pourra être accordée, par décision ultérieure du Ministre, lorsque le besoin d'un redoublement de saison aura été constaté par les médecins particuliers des eaux. Cette disposition est applicable de plein droit lorsque la saison des eaux est de soixante jours et au delà.

3. Si les officiers, aspirants, fonctionnaires ou agents qui, n'étant pas déjà en possession d'un congé d'une autre nature, quittent le service après avoir obtenu un congé pour faire usage des eaux et ne s'y rendent pas, ils n'ont droit à aucune solde pendant la durée de leur absence qui ne peut dépasser un

(1) *Article 44.* — Par décret du 17 août 1879, cet article a été modifié ainsi qu'il suit :

§ 1er. Des congés avec jouissance de la solde de présence à terre peuvent être accordés pour faire usage des eaux thermales ou minérales aux officiers, fonctionnaires et agents des divers corps de la marine qui auront contracté, à bord des bâtiments ou aux colonies, des maladies nécessitant ce traitement. A cet effet, les certificats des conseils de santé devront être accompagnés d'attestations médicales ou autres établissant, d'une manière authentique, l'origine des maladies. Des congés de cette nature ne pourront plus être accordés après l'année qui suivra le débarquement en France ou la rentrée des colonies. La durée de ces congés est égale au double du temps passé dans les stations thermales ou minérales, sans pouvoir excéder la limite de deux mois. En dehors des cas déterminés ci-dessus, le Ministre de la marine pourra, par décision spéciale, accorder des congés de même nature aux officiers, fonctionnaires et agents qui, par suite de blessures ou de maladies graves contractées en service commandé, seraient reconnus avoir besoin de faire usage des eaux thermales ou minérales.

§ 7. Les officiers, aspirants, fonctionnaires et agents qui, étant en congé à solde réduite, obtiennent du Ministre, dans les conditions du paragraphe 1er du présent article, l'autorisation de faire usage des eaux, recouvrent les droits à la solde entière pendant le double de la durée de leur séjour aux eaux dans les établissements thermaux ou minéraux. Cette concession ne peut excéder deux mois [ainsi qu'il est dit au paragraphe 1er du présent article, si ce n'est dans le cas prévu par le paragraphe 2 du même article. Ceux qui, étant en possession d'un congé pour affaires personnelles, se rendent aux eaux sans avoir obtenu l'autorisation préalable, n'ont pas droit au payement de la solde de présence à terre.

§ 8. Supprimé.

mois. Toutefois, s'ils n'ont pu se rendre aux eaux par suite d'un empêchement légitime dûment constaté, il leur est attribué une solde dont la quotité est fixée par le Ministre.

4. Celui qui s'étant rendu aux eaux est empêché d'en faire usage par suite des prescriptions des médecins conserve le droit à la solde entière pendant le temps qu'il a été contraint de passer dans la station thermale ou minérale, s'il rapporte un certificat constatant la durée du séjour obligatoire.

5. Les officiers, fonctionnaires et agents, pour obtenir ultérieurement le rappel de leur solde, ont à produire un certificat du sous-intendant militaire ou, à défaut, du médecin en chef de l'établissement des eaux, constatant le temps pendant lequel ils y ont été traités.

6. Ceux qui viennent des établissements près desquels il existe un hôpital militaire ont à produire, en outre, un certificat du sous-intendant militaire ou de l'officier qui le remplace, constatant s'ils ont été ou s'ils n'ont pas été hospitalisés, et, dans le cas de l'affirmative, la durée de leur séjour à l'hôpital. Cette disposition n'est pas applicable aux officiers supérieurs, qui ne peuvent pas être hospitalisés.

7. Les officiers, aspirants, fonctionnaires et agents qui, étant en congé à solde réduite, obtiennent du Ministre l'autorisation de faire usage des eaux, recouvrent les droits à la solde entière pendant le double de la durée de leur séjour aux eaux dans les établissements thermaux ou minéraux, sans que cette concession puisse excéder deux mois, ainsi qu'il est dit au paragraphe 1er du présent article, si ce n'est dans le cas prévu par le paragraphe 2 du même article. Ceux qui, étant en possession d'un congé pour affaires personnelles, se rendent aux eaux sans avoir obtenu l'autorisation préalable n'ont pas droit au payement de la solde de présence à terre.

8. Les congés pour faire usage des eaux ne donnent droit à la solde de présence à terre que pendant deux années de suite. Si l'officier, fonctionnaire ou agent s'y rend consécutivement pendant trois années, le congé de la troisième année est à demi-solde, aussi bien pour les officiers qui sont hospitalisés que pour ceux qui ne le sont pas.

9. Dans le cas où l'officier, fonctionnaire ou agent est autorisé à faire usage des eaux thermales ou minérales deux fois dans le cours d'une même année, le deuxième congé à lui accorder est considéré comme un congé pour affaires personnelles et ne comporte par suite que la demi-solde.

Art. 45.

Congés accordés aux fonctionnaires et agents rendus aux départements ministériels auxquels ils étaient empruntés.

1. Les fonctionnaires et agents du service colonial destinés à être rendus aux départements ministériels auxquels ils ont été empruntés par la marine peuvent, en attendant leur réintégration, obtenir du Ministre de la marine des congés spéciaux.

2. Ces congés sont accordés à solde entière dans la limite du maximum de six mois, sauf prolongation à demi-solde pendant six autres mois, pour les fonctionnaires et agents qui sont rendus d'office.

3. Les mêmes congés ne donnent droit qu'à la demi-solde, si c'est sur sa demande que le fonctionnaire ou agent quitte le service de la marine.

4. Les fonctionnaires et agents remis d'office par mesure disciplinaire ne peuvent prétendre à ces congés.

ART. 46.

Congés pour servir dans le commerce ou l'industrie.

Les congés accordés pour servir dans le commerce ou l'industrie pendant trois ans au plus ne donnent droit à aucune solde.

ART. 47.

Quotité de la solde des congés accordés aux officiers, fonctionnaires et agents du service colonial.

La solde d'absence en congé pour les officiers, fonctionnaires et agents du service colonial n'est pas basée sur la solde coloniale; elle est calculée sur le pied de la solde d'Europe, soit qu'ils passent leur congé aux colonies, soit qu'ils aillent en congé en Europe ou hors d'Europe.

ART. 48.

Certificats de visite.

1. Les demandes de congé de convalescence et de prolongation sont appuyées de certificats de visite délivrés par le Conseil de santé de la marine.

2. Les demandes de même nature, formées par des officiers, aspirants, fonctionnaires et agents servant hors des ports ou déjà en congé, sont appuyées de certificats de visite et de contre-visite délivrés par les officiers de santé des hôpitaux militaires ou, à défaut, par les médecins des hôpitaux civils.

3. Pour les officiers et autres résidant à Paris, les certificats sont délivrés par l'inspecteur général du service de santé de la marine.

4. Les dispositions du présent article sont applicables aux demandes faites par les officiers, aspirants, fonctionnaires et agents pour obtenir l'aurisation d'aller prendre les eaux thermales ou minérales. Dans ce cas, le certificat de visite indique l'établissement sur lequel ils doivent être dirigés.

5. En ce qui concerne les officiers, fonctionnaires et agents du service colonial, les certificats de visite sont délivrés par les conseils de santé de la colonie et les certificats de contre-visite par le conseil de santé ou l'autorité médicale du port de débarquement.

6. Dans tous les cas, les certificats de visite et contre-visite sont soumis à l'examen du Conseil supérieur de santé de la marine.

ART. 49.

Mode d'envoi des demandes de congé et de prolongation de congé.

1. Les demandes de congé ou de prolongation de congé doivent être transmises au Ministre par la voie hiérarchique. Lorsqu'il s'agit de prolon-

gation de congé pour affaires personnelles, les demandes doivent toujours être adressées par les intéressés à leur chef direct.

2. Il n'est fait exception à cette règle que pour les officiers, fonctionnaires et agents du service colonial qui, étant en France, peuvent adresser directement leur demande au Ministre s'ils ne se trouvent pas dans une localité où réside une autorité maritime.

ART. 50.

Élèves obtenant un congé à la sortie de l'école.

1. Les élèves sortant de l'École polytechnique ou de l'École navale, pour être employés au service de la marine, ont droit à la solde de congé du grade qui leur est conféré ou de l'emploi qu'ils sont destinés à remplir, à compter du jour de leur nomination jusqu'à celui de leur arrivée à destination, sauf le cas prévu par l'article 31 ci-dessus.

2. La quotité de la solde de congé à accorder, le cas échéant, aux élèves sortant des écoles est uniformément fixée à la moitié de la solde de leur grade, mais sans accessoires.

ART. 51.

Officiers, fonctionnaires et agents en congé, allant siéger aux conseils généraux ou cités en témoignage.

1. Les officiers, fonctionnaires ou agents qui, étant en congé, sont appelés sans être obligés de se déplacer, soit à siéger aux conseils généraux des départements, soit à témoigner devant un tribunal civil, maritime ou militaire siégeant dans le lieu de leur résidence, conservent jusqu'à l'expiration de leur congé la solde d'absence dont ils jouissaient. S'ils sont retenus au delà du terme de leur congé, ils ont droit à la solde de présence à compter du lendemain de l'expiration dudit congé, ainsi qu'il est dit à l'article 28.

2. Pour obtenir le rappel de leur solde, ils doivent produire le certificat exigé par l'article 27.

ART. 52.

Congés pour aller aux colonies françaises ou en pays étranger hors d'Europe.

1. Les congés pour aller de France aux colonies françaises ou en pays étranger hors d'Europe ne peuvent donner droit à solde pendant plus d'une année pour les localités situées dans l'Atlantique, ou pendant plus de dix-huit mois pour celles qui sont situées au delà du cap de Bonne-Espérance ou du cap Horn, y compris, dans l'un et l'autre cas, le temps de la traversée pour l'aller et le retour.

2. Les congés avec solde pour se rendre d'une colonie française dans une autre colonie ou dans un pays hors d'Europe ne peuvent dépasser :

Un an, si l'un des trajets pour se rendre au lieu de destination peut s'effectuer dans un délai de trois mois.

Dix-huit mois, si ce trajet exige une durée de plus de trois mois.

3. La décision du Ministre indique la limite extrême de l'absence d'après la durée présumée de la moyenne des traversées.

4. En conséquence, la période de douze ou de dix-huit mois est calculée depuis le jour du départ jusqu'au jour de l'arrivée.

5. Le titulaire du congé doit faire viser sa feuille de route au départ et à l'arrivée, ainsi que sur les points intermédiaires du trajet où il est obligé de s'arrêter pour prendre une autre voie, à l'effet de continuer son voyage.

ART. 53.

Les officiers ou autres qui obtiennent un congé sont débarqués.

L'officier, aspirant, fonctionnaire ou agent embarqué qui reçoit un congé ou qui a obtenu une permission à valoir sur son congé est débarqué du jour où il est entré en jouissance de ce congé ou de cette permission.

ART. 54.

Époque à laquelle un congé est périmé.

1. Tout congé dont il n'a pas été fait usage est considéré comme non avenu, un mois après la date de sa réception par l'officier, fonctionnaire et agent à qui il a été accordé.

2. Ce délai, pour les congés accordés à l'effet de se rendre outre-mer et *vice versa*, peut être porté à trois mois par décision spéciale du Ministre et du gouverneur ou commandant de colonie.

3. L'entrée en jouissance d'une permission doit être immédiate.

ART. 55.

Payement de la solde des officiers, fonctionnaires et agents qui obtiennent un congé ou une permission.

1. Les officiers, aspirants, fonctionnaires et agents qui obtiennent des congés ou des permissions sont payés de leur traitement d'activité jusqu'au jour où ils entrent en jouissance de leur congé.

2. L'officier, aspirant, fonctionnaire ou agent en congé a la faculté de recevoir sa solde à l'expiration de chaque mois [1].

3. Les officiers, aspirants, fonctionnaires ou agents ne peuvent être payés de leur solde de congé sans la production :

1° Du livret dont ils doivent être porteurs et qui doit constater l'époque à laquelle le titulaire a cessé d'être payé;

2° De leur feuille de route ;

3° Du titre établissant leur position.

4. Le livret doit constater s'ils sont ou non passibles de retenues pour débet envers l'État.

5. Pour obtenir le payement de leur solde, les officiers, aspirants, fonctionnaires ou agents doivent s'adresser, dans les ports militaires ou secondaires, ainsi que dans les colonies, au commissaire aux revues; dans les établissements hors des ports, à l'agent administratif; dans les quartiers de l'inscription maritime, au commissaire ou à l'administrateur du quartier; et à Paris, dans les bureaux de l'administration centrale.

[1] Le payement des ordonnances émises au profit des officiers, fonctionnaires ou agents résidant à l'intérieur entraîne un délai de vingt à vingt-cinq jours (art. 144 du règlement du 14 janvier 1869 pour servir, en ce qui concerne le département de la marine et des colonies, à l'exécution du décret du 31 mai 1862 sur la comptabilité publique).

6. Les officiers, fonctionnaires ou agents en congé dans les départements de l'intérieur doivent s'adresser par écrit au Ministre de la marine.

Art. 56.

Permissions; par qui accordées. Droits résultant des permissions.

1. Les permissions sont accordées aux officiers, aspirants, fonctionnaires ou agents par les chefs de service, d'après l'autorisation donnée par l'autorité supérieure sous les ordres de laquelle ils sont placés [1].

2. Les permissions ne peuvent être accordées pour plus de trente jours. Lorsque l'absence doit être d'une plus longue durée, elle ne peut être autorisée que par un congé.

3. L'officier, aspirant, fonctionnaire ou agent absent par permission a droit, si la durée totale de l'absence par permission, en une ou plusieurs fois, ne s'est pas prolongée au delà de trente jours (du 1er janvier au 31 décembre de la même année), à la totalité du traitement du lieu où il est en service, à l'exclusion des suppléments de fonctions ou des indemnités de représentation. Les dispositions spéciales aux aumôniers, aux professeurs d'hydrographie et aux trésoriers des Invalides de la marine en congé (article 39 ci-dessus) sont applicables au cas de permissions.

4. Si l'ensemble des permissions accordées dans le cours d'une année (du 1er janvier au 31 décembre) dépasse la limite ci-dessus, l'intégralité du traitement n'est maintenue que jusqu'à concurrence de trente jours, et le surplus de l'absence ne donne droit qu'à la solde de congé pour affaires personnelles.

5. Le traitement de l'officier, aspirant, fonctionnaire ou agent embarqué qui reçoit une permission est payé au compte du bâtiment au service duquel il continue à être affecté.

6. Toute permission accordée antérieurement à un congé doit être confondue dans ce congé, si le titulaire n'a pas rejoint son poste à l'expiration de sa permission et avant d'avoir obtenu son congé [2].

7. Les permissions d'absence et les délais de route doivent faire l'objet d'une mention spéciale sur le livret de solde.

8. Par exception aux dispositions du paragraphe 1er du présent article, il peut être accordé aux officiers, fonctionnaires ou agents qui demandent à se rendre en Corse ou en Algérie, et à ceux qui y servent et qui viennent en France, des autorisations d'absence comportant exceptionnellement la jouissance de l'intégralité de la solde à terre d'Europe, dans la limite de quarante jours en ce qui concerne la Corse et dans celle de quarante-cinq jours en ce qui concerne l'Algérie. Ces permissions spéciales, qui comprennent le temps de l'aller et du retour, sont

[1] Les capitaines de vaisseau et de frégate pourvus d'un emploi et obtenant une permission d'absence, après avoir joui d'une première permission de trente jours, doivent conserver l'intégralité de leur solde à terre, sans indemnité de logement. (Dépêche à Toulon, le 31 août 1876, rappelant une circulaire du 19 mars 1857, *B. O.*, p. 184.)

[2] Les capitaines de vaisseau et de frégate qui, ayant obtenu une permission de trente jours à solde entière, sont autorisés à rester chez eux en résidence libre, perdent tout droit à l'indemnité de logement depuis le jour de leur départ du port. (Circulaire du 28 août 1875. *B. O.*, p. 240)

accordées par l'autorité locale, mais une seule fois dans le cours de l'année. Elles sont exclusives de toute autre permission d'absence à solde entière pendant la même période de temps. Le rappel de la solde a lieu sur la production d'une feuille de route visée à l'arrivée et au départ, aussi bien dans le port d'embarquement que dans le port de débarquement, soit en France, soit en Corse, soit en Algérie.

Art. 57.

Durée des permissions et des congés. Délais de route.

1. La durée des permissions et des congés comprend le temps de l'aller et du retour.

2. Toutefois, pour les officiers, aspirants, fonctionnaires ou agents servant sur un point outre-mer, ou autorisés à se rendre en congé en Europe, la durée du congé est indépendante du temps de la traversée et de celui de la quarantaine, quand elle est exigée. En conséquence, le congé ne prend date que du jour du débarquement ou de la sortie du lazaret. Quant aux congés de convalescence, ils ne courent que du lendemain de la visite ou contre-visite des intéressés en France par le service de santé de la marine du port de débarquement. A son retour, l'officier, fonctionnaire ou agent est considéré comme rentré à son poste du jour de son arrivée au port indiqué par sa feuille de route. (Voir l'article 61 ci-après.)

3. Lorsque l'officier, aspirant, fonctionnaire ou agent recevant un ordre de déplacement obtient en même temps une permission ou un congé, les délais de route réglementaires sont ajoutés à la durée de la permission ou du congé.

Art. 58.

Visa des permissions et des congés avant le départ.

1. Tout officier, aspirant, fonctionnaire ou agent qui obtient une permission ou un congé est tenu de présenter lui-même, dans les vingt-quatre heures, le titre dont il est porteur au visa du commissaire aux revues ou aux armements, qui en prend inscription sur le contrôle ou rôle d'équipage.

2. Le commissaire aux revues ou aux armements indique sur le livret de l'officier, aspirant, fonctionnaire ou agent, quel que soit son grade ou son emploi, la date, la nature et la durée du congé ou de la permission. Il appose son visa sur le titre d'absence.

3. Les officiers du commissariat de la marine doivent refuser de viser les congés ou permissions qui seraient délivrés contrairement aux règles établies.

4. Les dispositions qui précèdent ne sont pas applicables aux permissions d'absence accordées aux officiers, marins et autres embarqués sur des bâtiments dépendant d'une escadre ou d'une division navale. Ces permissions sont enregistrées par les administrateurs des bâtiments, à la charge par eux de porter les mouvements à la connaissance des ports comptables, sous peine d'engager leur responsabilité personnelle.

5. Si le titulaire d'une permission est embarqué sur un bâtiment isolé se trouvant dans un port autre que le chef-lieu d'un arrondissement ou d'un sous-arrondissement maritime, c'est-à-dire où il n'existe ni commissaire aux revues, ni commissaire aux armements, le conseil d'administration ou le capitaine comptable du bâtiment doit, comme il est dit au paragraphe précédent, aviser le port comptable, afin que la permission soit apostillée au rôle d'équipage du bâtiment.

Art. 59.

Époque de la rentrée en jouissance de la solde de présence.

1° Les officiers, aspirants, fonctionnaires ou agents en congé, avec solde ou sans solde, rentrent en jouissance de la solde de présence le jour où ils ont rejoint leur poste, sauf les cas prévus par les articles 28 et 29.

2. Les officiers, fonctionnaires et agents du service colonial qui, à l'expiration de leur congé, sont maintenus dans leurs foyers en attendant leur départ pour la colonie qu'ils doivent rejoindre, conservent, jusqu'au jour exclus de leur arrivée au port d'embarquement, la jouissance de la solde qu'ils recevaient au moment de l'expiration de leur congé.

Art. 60.

Officiers ou autres dépassant la limite de leur congé ou permission.

1. L'officier, aspirant, fonctionnaire ou agent qui, étant en congé avec solde, rentre après le terme fixé pour l'expiration de son congé ne reçoit aucune solde pour la durée de son absence illégale, à moins que le retard n'ait été causé, soit par circonstance de force majeure dûment constatée, soit par maladie. Dans ce dernier cas, il doit présenter soit un billet de sortie de l'hôpital, soit un certificat des médecins d'un hôpital maritime ou militaire, et, à défaut, un certificat dûment légalisé du médecin qui l'a soigné, indiquant la nature de la maladie et le temps qu'a exigé le traitement [1].

2. L'officier, aspirant, fonctionnaire ou agent qui, étant en congé avec ou sans solde, n'a pu, pour les causes énoncées au paragraphe ci-dessus, rentrer à son poste à l'expiration de son congé, doit prévenir immédiatement son chef direct. Il est considéré comme étant encore en congé, avec ou sans solde, pour tout le temps écoulé depuis l'expiration de son congé jusqu'au jour exclus de sa rentrée à son poste.

3. Toutefois, l'officier, aspirant, fonctionnaire ou agent qui jouit d'un congé de convalescence avec solde de présence cesse d'avoir droit à cette solde dès l'expiration de son congé ou de sa prolongation de congé. Il n'a droit, au delà de ce terme, qu'à la solde de congé pour affaires personnelles.

[1] L'officier qui tombe malade dans le cours d'une permission doit être considéré comme ayant été en permission pendant le temps de son absence, et il y a lieu, par suite, de lui faire application des dispositions contenues dans le paragraphe 4 de l'article 60 du décret du 1er juin 1875, aux termes desquelles, en cas de retard justifié, le titulaire d'une permission conserve l'intégralité de son traitement pendant trente jours, et n'a droit, au delà de cette limite, qu'à la solde de congé pour affaires personnelles. (Dépêches à Toulon, les 19 mai 1876 et 28 janvier 1878.)

4. Les dispositions des deux premiers paragraphes du présent article sont applicables aux permissions. En cas de retard justifié, le titulaire d'une permission conserve l'intégralité de son traitement dans la limite de trente jours prévu par le paragraphe 4 de l'article 56, en tenant compte de la durée des permissions accordées depuis le 1er janvier de l'année. Au delà de cette limite, l'officier, fonctionnaire ou agent reçoit la solde de congé pour affaires personnelles.

Art. 61.

Officiers ou autres rentrant avant l'expiration de leur congé ou permission.

1. L'officier, aspirant, fonctionnaire ou agent en congé ou en permission, qui use de la faculté de rentrer à son poste avant l'expiration de son congé ou de sa permission, recouvre ses droits à la solde de présence à compter du jour de son retour.

2. Cette disposition n'est applicable aux officiers, fonctionnaires et agents du service colonial qu'autant qu'ils ont été préalablement autorisés par le Ministre à rejoindre le port d'embarquement.

Art. 62.

Visa des permissions et des congés au retour.

Tout officier, aspirant, fonctionnaire ou agent rentrant de congé ou de permission est tenu de se présenter au détail des revues ou armements, pour faire constater, par un visa sur son congé ou sa permission, la date du retour à son poste.

Art. 63.

Indemnité représentative de la solde de congé pour les officiers auxiliaires et les secrétaires civils.

Les officiers auxiliaires ou les personnes employées exceptionnellement comme secrétaires des officiers généraux à bord des bâtiments de l'État peuvent, dans les cas analogues à ceux qui donnent droit aux congés de convalescence, obtenir une indemnité mensuelle représentative de la solde de congé. Cette indemnité, qui est exclusive de l'indemnité de logement ainsi que l'indique l'article 95 ci-après, ne peut se prolonger au delà de six mois, sauf les cas extraordinaires, à l'égard desquels il sera statué par le Ministre de la marine d'après une proposition spéciale et motivée. Les prolongations accordées à ce titre ne peuvent avoir pour effet d'étendre la durée de l'absence au delà d'une année et ne comportent que la concession d'une indemnité représentative égale à la demi-solde, dégagée de tous accessoires.

La durée de ces congés et prolongations de congés, ainsi que la quotité de la solde, sont déterminées par le Ministre.

Section III. — Délégations.

Art. 64.

Cas où les délégations sont autorisées. Quotité des délégations.

1. Les officiers, aspirants, fonctionnaires ou agents embarqués à bord des bâtiments de l'État ou attachés au service des colonies ont seuls la fa-

culté de déléguer une portion de leurs appointements à leurs familles ou à un tiers. Ils ne peuvent consentir simultanément plus de deux délégations, l'une au profit de leur famille, l'autre au profit d'un tiers. Les officiers, fonctionnaires et agents servant en Algérie ne sont pas autorisés à déléguer.

2. Le maximum de ces délégations est fixé :

Pour les officiers, aspirants, fonctionnaires ou agents embarqués, aux trois quarts de leur solde à la mer proprement dite, s'il s'agit de délégations consenties en faveur de leurs femmes, descendants ou ascendants, et aux deux tiers de la même solde en ce qui concerne les autres délégataires ;

Pour les officiers, fonctionnaires ou agents attachés au service des colonies, à la moitié de leur solde coloniale dégagée de tous accessoires, s'il s'agit de délégations souscrites en faveur de leurs femmes, descendants ou ascendants, et au quart de la même solde en ce qui concerne les autres délégataires.

3. Ces dispositions sont applicables aux officiers et agents auxiliaires.

Art. 65.

Déclarations de délégations ; à qui faites.

1. Les officiers, aspirants, fonctionnaires ou agents destinés à aller servir aux colonies et ceux qui sont présents dans les colonies doivent, lorsqu'ils veulent souscrire des délégations, en faire la déclaration au commissaire aux revues dans les ports militaires ou dans les ports secondaires, et, à Paris, dans les bureaux de l'administration centrale.

2. Les officiers, aspirants, fonctionnaires ou agents embarqués font leur déclaration devant le conseil d'administration ou devant le capitaine comptable du bâtiment.

Ce conseil ou ce capitaine comptable remet ou adresse immédiatement au commissaire aux armements du port, qui centralise les dépenses du bâtiment, l'avis de la délégation, dont il est fait mention au rôle d'équipage.

3. Les officiers, aspirants, fonctionnaires ou agents appelés à servir à la mer et qui, par suite de l'absence du bâtiment sur lequel ils doivent embarquer, ne peuvent faire leur déclaration devant le conseil d'administration du bord, doivent s'adresser, pour remplir cette formalité, au commissaire aux armements du port dans lequel ils se trouvent.

4. Les déclarations portent énonciation des nom, prénoms, grade ou emploi de la personne qui fait la délégation, du montant de sa solde, de la portion déléguée, de l'époque à compter de laquelle le payement doit être effectué, des noms, prénoms, qualités et demeures des individus autorisés à la recevoir, et de ceux qui doivent leur être substitués en cas de décès ou de refus.

5. L'autorité administrative qui a reçu la déclaration mentionne la délégation sur le livret de solde du délégant et vise cette déclaration, en énonçant sur cette pièce qu'il a fait la mention ci-dessus prescrite.

ART. 66.

Les délégations faites par les officiers, aspirants, fonctionnaires ou agents en faveur des personnes autres que leurs femmes, ascendants ou descendants ne peuvent avoir leur effet qu'après approbation donnée.

Délégations à des tiers.

Savoir :

Pour les officiers, aspirants, fonctionnaires ou agents embarqués sur des bâtiments faisant partie d'une armée, escadre ou division navale, par le commandant en chef;

Pour les officiers, aspirants, fonctionnaires ou agents embarqués sur des bâtiments non réunis en armée, escadre ou division, par le vice-amiral commandant en chef, préfet maritime;

Pour les officiers, fonctionnaires ou agents servant aux colonies, par les gouverneurs ou commandants desdites colonies;

Pour les officiers, fonctionnaires ou agents destinés à aller servir à terre aux colonies, par le Ministre de la marine.

ART. 67.

Le Ministre de la marine peut seul, dans des circonstances exceptionnelles, autoriser les délégations qui ne seraient pas conformes aux prescriptions des précédents articles.

Délégations exceptionnelles.

ART. 68.

Le Ministre de la marine peut, en outre, prescrire sur la solde des officiers, aspirants, fonctionnaires ou agents une retenue d'office pour aliments, dans les cas déterminés par les articles 203, 205 et 214 du Code civil [1]. Cette retenue est indépendante de toute autre retenue que l'officier, aspirant, fonctionnaire ou agent peut déjà subir pour quelque cause que ce soit.

Retenues d'office pour aliments.

ART. 69.

1. Les délégations souscrites par les officiers, aspirants fonctionnaires ou agents embarqués continuent d'avoir leur effet pendant la durée de la campagne, si elles ne sont pas révoquées, sauf les cas déterminés par l'article 72 ci-après.

Durée des délégations.

[1] *Article 203.* — Les époux contractent ensemble, par le fait seul du mariage, l'obligation de nourrir, entretenir et élever leurs enfants.

Article 205. — Les enfants doivent des aliments à leurs père e tmère, et autres ascendants qui sont dans le besoin.

Article 214. — La femme est obligée d'habiter avec le mari et de le suivre partout où il juge à propos de résider; le mari est obligé de la recevoir et de lui fournir tout ce qui est nécessaire pour les besoins de la vie, selon ses facultés et son état.

2. Les délégations souscrites par les officiers, aspirants, fonctionnaires ou agents servant aux colonies ont leur effet pendant toute la durée du service aux colonies, à moins d'une mention spéciale énoncée dans la déclaration de délégation.

3. Les délégations ne commencent à courir qu'à compter de l'expiration du temps pour la durée duquel il a été payé aux officiers, fonctionnaires ou agents des avances de solde à leur départ, conformément aux dispositions de l'article 182 ci-après.

4. Les dispositions relatives aux retenues pour aliments sont réglées par l'article 205 du présent décret.

5. En cas de décès du délégataire, les arrérages de délégation non perçus par lui au moment de son décès font retour au délégant.

ART. 70.

Rentrée en France des officiers, fonctionnaires ou agents délégants.

1. Toute délégation cesse d'avoir son effet à compter du jour du débarquement en France de la personne qui l'a consentie.

2. Toutefois, dans le cas où des payements auraient été faits, à ce titre, pour un temps postérieur à ladite époque, la reprise en sera opérée sur la solde de l'officier, aspirant, fonctionnaire ou agent.

3. Les retenues pour délégation sont opérées par continuation, sur la solde acquise pendant la traversée par les officiers, fonctionnaires ou agents revenant d'une destination d'outre-mer.

ART. 71.

Payement des délégations.

1. Les délégataires sont payés, par trimestre, des sommes qui leur ont été déléguées, mais seulement après constatation de la retenue opérée sur la solde de celui qui a fait la délégation.

2. Cette restriction n'est pas applicable aux retenues imposées d'office par le Ministre ou aux délégations consenties par les officiers, aspirants, fonctionnaires ou agents en faveur de leurs femmes, descendants ou ascendants. Sont applicables à ces dernières délégations, les dispositions de l'article 90, § 4, concernant les avances faites aux familles sur la solde de captivité.

ART. 72.

Époque de la cessation des délégations dans le cas de présomption de perte des bâtiments.

1. Les délégations consenties par les officiers, aspirants, fonctionnaires ou agents embarqués au profit de leurs femmes, descendants ou ascendants cessent, dans le cas de présomption de la perte du bâtiment, d'avoir leur effet aux époques déterminées par décision du Ministre de la marine, conformément aux prescriptions de l'article 24 du présent décret.

2. Cette disposition est applicable aux retenues imposées d'office à titre d'aliments, conformément aux prescriptions de l'article 205 ci-après.

CHAPITRE III.

Solde de réserve.

ART. 73.

1. La solde de réserve est allouée aux officiers généraux du corps de la marine qui passent dans la deuxième section du cadre de l'état-major général. Solde de réserve; à qui allouée.

2. Elle est réglée conformément aux dispositions du décret du 1er décembre 1852 [1].

CHAPITRE IV.

Solde de non-activité.

ART. 74.

1. La solde de non-activité est due à l'officier dans les cas déterminés par la loi du 19 mai 1834 [2]. Elle est réglée, aussi bien pour les officiers et aspirants du service métropolitain que pour les officiers du service colonial, suivant les différentes positions de l'officier, par les tarifs annexés au présent décret. Définition de la solde de non-activité.

2. La solde de non-activité à l'égard des officiers retenus dans les colonies par des circonstances indépendantes de leur volonté est établie proportionnellement à la solde coloniale.

ART. 75.

1. Nul ne peut recevoir la solde de non-activité que dans le lieu où il a été autorisé par le Ministre à fixer sa résidence. Mode de payement.

[1] Décret du 1er décembre 1852 (art. 5). — Les officiers généraux de la deuxième section de l'état-major général reçoivent les trois cinquièmes de la solde de leur grade sans accessoires.

Loi de finances du 2 août 1868 (art. 23). — L'augmentation de solde prévue par la présente loi pour les officiers généraux et leurs assimilés des armées de terre et de mer n'est applicable qu'à ceux de la première section du cadre (activité et disponibilité).

[2] *Loi du 19 mai 1834 (art. 16).* — La solde de non-activité est fixée : 1° pour l'officier sorti de l'activité par suite de licenciement de corps, de suppression d'emploi, de rentrée de captivité à l'ennemi et d'infirmités temporaires, à moitié de la solde d'activité dégagée de tous accessoires et de toutes indemnités représentatives; 2° pour l'officier sorti de l'activité par retrait ou par suspension d'emploi, aux deux cinquièmes de la même solde.

Article 17. — Les lieutenants et sous-lieutenants en non-activité toucheront les trois cinquièmes de la solde d'activité dépouillée de tous accessoires, par exception au paragraphe 1er de l'article précédent.

2. L'officier en non-activité qui s'absente de son domicile sans autorisation régulière n'a droit à aucun rappel de solde pour tout le temps de son absence.

CHAPITRE V.

Solde de réforme.

ART. 76.

Liquidation de la solde de réforme.

1. La solde de réforme, dans les cas prévus par la loi du 19 mai 1834, est liquidée, après revision du comité compétent du Conseil d'État, par arrêté du Ministre de la marine.

2. La liquidation est notifiée à l'intéressé par un titre officiel énonçant le détail de ses services effectifs et le temps durant lequel il a droit à sa solde de réforme.

ART. 77.

Mode de payement.

1. La solde de réforme est payée par mois et à terme échu.

2. Les arrérages en sont payés à partir du jour où l'officier a cessé d'avoir droit à une solde d'activité ou de non-activité.

ART. 78.

Retenues à exercer pour aliments ou en cas de débet envers l'État.

1. Les retenues à exercer par précompte sur la solde de réforme, soit pour aliments, soit pour débet envers l'État, n'ont lieu qu'en vertu d'une décision du Ministre de la marine.

2. Les retenues pour aliments peuvent être exercées simultanément avec les retenues pour débet.

ART. 79.

Allocation temporaire payée en attendant le règlement de la solde ou de la pension de réforme.

1. Les officiers mis en réforme peuvent recevoir, en attendant le règlement définitif de leurs droits, soit à la pension viagère, soit à la solde de réforme, une allocation temporaire égale aux deux tiers du minimum de la pension de retraite de leur grade [1].

2. Cette allocation temporaire, qui est payable par mois et à terme échu, leur est précomptée sur les premiers arrérages de la pension viagère ou de la solde de réforme à laquelle ils sont définitivement reconnus avoir droit.

[1] L'allocation temporaire sera désormais payée par la Caisse des Invalides. (Circulaire du 26 mai 1876, *B. O.*, p. 844.)

CHAPITRE VI.

Dispositions communes aux positions de présence et d'absence.

Art. 80.

Officiers, aspirants, fonctionnaires ou agents admis dans les hôpitaux.

1. Les officiers, aspirants, fonctionnaires ou agents admis dans les hôpitaux subissent sur leur solde une retenue journalière dont le taux est déterminé par le tarif n° 52 annexé au présent décret [1].

2. Cette retenue est exercée, pour chaque journée passée effectivement à l'hôpital, depuis le jour de l'admission jusqu'à celui de la sortie exclusivement.

3. Le payement de la solde acquise est effectué sur la présentation du billet de sortie, sauf le cas prévu par l'article 81 ci-après.

4. En cas de décès, la solde est due aux héritiers jusqu'au jour du décès inclusivement, sous la déduction des retenues à opérer, conformément aux dispositions du paragraphe 1er du présent article.

5. L'officier, aspirant, fonctionnaire ou agent qui ne rejoint pas son poste immédiatement après sa sortie de l'hôpital n'a droit à aucun rappel pour le temps qui s'est écoulé depuis sa sortie de l'hôpital jusqu'au jour de sa rentrée à son poste.

Art. 81.

Payement de la solde des officiers et autres en traitement dans les hôpitaux.

1. Les officiers, aspirants, fonctionnaires ou agents en traitement dans les hôpitaux peuvent être, sur leur demande, autorisés à recevoir mensuellement la solde à laquelle ils ont droit.

2. La demande de l'intéressé, visée par le commissaire aux hôpitaux et par le commissaire aux revues ou aux armements, suivant le cas, doit être soumise à l'approbation du vice-amiral commandant en chef, préfet maritime, dans les ports militaires, du chef de service dans les ports secondaires, ou du directeur dans les établissements hors des ports.

3. Les demandes formées par les officiers, aspirants, fonctionnaires ou agents en traitement dans les hôpitaux de l'intérieur doivent être visées par le sous-intendant militaire ou par le directeur de l'hôpital civil et approuvées par le Ministre ou par ses délégués.

4. Le Ministre de la marine autorise également le payement de la solde des officiers, aspirants, fonctionnaires et agents admis dans les asiles d'aliénés, ou qui, par suite de leur état de maladie, n'auraient pu formuler une demande par écrit [2].

[1] La retenue d'hôpital d'un employé colonial en congé doit être basée sur le traitement d'Europe et non sur la solde de congé. (Dépêche à Toulon le 10 mars 1876.)

[2] Payement de la solde des officiers, etc., admis dans un asile d'aliénés, entre les mains du receveur de l'établissement. — Article 31 de la loi du 30 juin 1838. (*Bulletin des lois*, p. 1005.)

ART. 82.

Officiers et autres admis dans les hôpitaux étant en permission ou en congé avec solde.

1. Les officiers, aspirants, fonctionnaires ou agents qui tombent malades étant en congé ou en permission avec solde sont admis dans les hôpitaux, sur la présentation de leur titre d'absence.

2. Le jour de l'admission et celui de la sortie sont annotés sur le congé ou la permission par le fonctionnaire qui a délivré le billet d'entrée à l'hôpital.

3. Les officiers, aspirants, fonctionnaires ou agents qui entrent à l'hôpital après l'expiration de leur congé ou de leur permission n'ont droit à aucune solde, depuis le jour de l'expiration du congé ou de la permission jusqu'à celui de leur entrée à l'hôpital.

ART. 83.

Officiers et autres admis dans les hôpitaux étant en congé sans solde.

1. Les officiers, aspirants, fonctionnaires ou agents qui tombent malades étant en congé sans solde peuvent être admis à l'hôpital. Leur entrée et leur sortie sont constatées selon le mode prescrit par l'article précédent.

2. Si l'officier, fonctionnaire ou agent rejoint son poste ou se met à la disposition de l'autorité maritime à sa sortie de l'hôpital, il subit sur sa solde courante la retenue fixée par le tarif n° 52 annexé au présent décret, pour le nombre de jours effectifs qu'il a passés à l'hôpital.

3. Dans le cas contraire, il doit verser au Trésor public, à sa sortie de l'hôpital, le montant de cette retenue.

ART. 84.

Officiers et autres en activité mis en jugement.

1. Les officiers, aspirants, fonctionnaires ou agents en jugement reçoivent, pendant le temps de leur emprisonnement et jusqu'au jour inclus où la décision judiciaire rendue à leur égard est devenue définitive, la moitié de la solde de présence à terre assignée à leur grade, sans accessoires, s'ils étaient en activité de service au moment de leur arrestation.

2. En cas d'acquittement, ils sont rappelés du surplus de leur solde, selon leur position antérieure d'activité, pour tout le temps pendant lequel ils ont été détenus; s'ils sont condamnés, ils n'ont droit à aucun rappel.

3. Dans ce dernier cas, si la condamnation n'entraîne pas la perte du grade ou de l'emploi, l'officier, aspirant, fonctionnaire ou agent continue à recevoir la moitié de la solde d'activité jusqu'au jour où sa position est de nouveau fixée, s'il y a lieu, ou jusqu'à l'expiration de sa peine.

4. Si la condamnation entraîne la perte de son grade ou de son emploi, l'officier, aspirant, fonctionnaire ou agent qui en est l'objet cesse d'avoir droit à tout traitement à partir du jour où le jugement est devenu définitif.

5. Les officiers qui se trouvent dans la position de congé sans solde prévue par l'article 46 ne peuvent prétendre à aucune solde, soit pendant la durée de leur emprisonnement, soit à titre de rappel en cas d'acquittement.

ART. 85.

L'officier ou l'aspirant en non-activité qui est mis en jugement reste en possession de sa solde jusqu'au jour du jugement. S'il est condamné et si sa position légale comme officier ne change point, il conserve la jouissance de la même solde.

Officiers ou aspirants en non-activité mis en jugement.

ART. 86.

Les héritiers de l'officier, aspirant, fonctionnaire ou agent détenu qui vient à mourir avant son jugement ont droit au rappel déterminé par le paragraphe 2 de l'article 84 pour le cas d'acquittement.

Officiers ou autres décédés avant jugement.

CHAPITRE VII.

Solde de captivité.

ART. 87.

La solde de captivité est allouée à tout officier, aspirant, fonctionnaire ou agent fait prisonnier de guerre, à dater du lendemain du jour où il est tombé au pouvoir de l'ennemi, jusqu'au jour exclus de sa rentrée en France ou de son embarquement sur un bâtiment de l'État.

Droit à la solde de captivité.

ART. 88.

1. Les officiers, aspirants, fonctionnaires ou agents qui sont restés au moins deux mois au pouvoir de l'ennemi reçoivent, à leur rentrée en France, un acompte de deux mois de la solde de captivité de leur grade, s'ils déclarent par écrit et sur l'honneur qu'il ne leur a été fait aucun payement pendant la durée de leur captivité, soit à eux-mêmes, soit à leur mandataire. Dans le cas contraire, l'acompte à payer à leur rentrée en France est réduit à un mois de solde de captivité. Ce payement est constaté sur la feuille de route qui leur est délivrée.

Payements aux officiers, aspirants, fonctionnaires ou agents rentrant de captivité.

2. A leur arrivée à destination, ils sont rappelés de cette solde pour tout le temps de leur captivité, sauf déduction de l'acompte qui leur a été payé.

3. Ceux qui sont restés moins de deux mois au pouvoir de l'ennemi reçoivent, à leur rentrée, le payement de ce qui leur est dû pour la durée de leur captivité, déduction faite des acomptes qu'ils déclarent avoir reçus ou fait payer à leur mandataire pendant la durée de leur captivité.

4. La solde de captivité des officiers, aspirants, fonctionnaires et agents prisonniers de guerre peut, sous la déduction des acomptes payés à titre de délégation, en conformité de l'article 90, être payée, pendant la durée de

la captivité, à leur mandataire, après constatation de leur existence par les commissaires près les puissances belligérantes investis de pouvoirs à cet effet.

ART. 89.

Pièces à produire par les prisonniers rentrant.

1. Pour obtenir le payement auquel il a droit, l'officier, aspirant, fonctionnaire ou agent rentrant de captivité doit produire, à défaut d'un titre établissant son identité, un certificat du commissaire près la puissance chez laquelle il a été détenu, constatant son grade et le temps pendant lequel il est resté en captivité.

2. Si cette production n'a point lieu, le payement est ajourné jusqu'à ce que les droits de l'intéressé aient été reconnus.

ART. 90.

Avances aux familles des prisonniers de guerre.

1. Lorsque des officiers, aspirants, fonctionnaires ou agents ont été faits prisonniers de guerre, le Ministre de la marine peut, sur la demande de ceux-ci, autoriser leurs familles à recevoir les deux tiers de leur traitement de captivité.

2. Ces autorisations ne peuvent avoir d'effet que pour une année, si la demande n'a pas été renouvelée ou si elle n'a pas été accueillie lors de son renouvellement.

3. Les payements ont lieu à titre d'avances et la retenue en est opérée sur le décompte de la solde des officiers, aspirants, fonctionnaires ou agents.

4. En cas de décès d'un prisonnier de guerre, les payements effectués sont considérés comme définitifs et le trop-perçu ne donne lieu à aucune reprise.

CHAPITRE VIII.

Accessoires de la solde.

SECTION Ire. — SUPPLÉMENTS.

ART. 91.

Suppléments de fonctions. Ces suppléments sont attachés à l'exercice effectif des fonctions.

1. Les suppléments de fonctions à allouer aux officiers, fonctionnaires et agents sont fixés par les tarifs annexés au présent décret.

2. Ils ne leur sont payés que pour le temps de la durée effective de leur présence à leur poste.

3. Cette disposition n'est pas applicable aux officiers et fonctionnaires chargés de faire des cours ou des conférences; ils conservent la jouissance de leur supplément de fonctions dans toutes les positions de présence ou d'absence, sous la réserve qu'ils satisferont aux conditions du programme

déterminé par l'autorité compétente, en ce qui concerne la durée de ces cours ou conférences ou le nombre de leçons qu'ils doivent donner[1].

4. Les suppléments de fonctions cessent d'être alloués aux titulaires, lorsque ceux-ci s'absentent à raison de mission, de congé, de permission ou d'entrée à l'hôpital. Dans ce cas, ces suppléments sont alloués aux officiers ou fonctionnaires chargés, par ordre, de faire l'intérim[2].

5. Toutefois, l'officier qui remplit une mission dans la circonscription où il exerce ses attributions ordinaires conserve le supplément de fonctions dont il jouissait au moment de son départ.

6. L'officier qui remplit un intérim ne peut cumuler l'indemnité de représentation ou le supplément attaché à la fonction qu'il occupe temporairement avec le supplément dont il serait en possession à un autre titre. Dans cette situation, il reçoit l'allocation la plus élevée.

Art. 92.

Suppléments alloués aux officiers de marine occupant à terre certains postes sédentaires.

1. Ces suppléments, ainsi que les emplois qui les confèrent, sont déterminés par le tarif n° 33 annexé au présent décret.

2. Lorsque le titulaire de l'emploi est absent de son poste à raison de mission, de permission d'absence ou d'entrée à l'hôpital, il conserve le supplément dont il s'agit, s'il n'a pas été remplacé.

3. En cas de remplacement, ce supplément est alloué à l'officier qui le supplée par ordre.

Art. 93.

Supplément de solde pour résidence dans Paris.

1. Le supplément de solde pour résidence dans Paris est dû aux officiers supérieurs et autres, ainsi qu'aux aspirants, fonctionnaires ou agents, lorsqu'ils sont pourvus d'un emploi dans la capitale. Ce supplément est alloué à compter du jour où l'officier, fonctionnaire ou agent prend son service.

[1] L'agent administratif qui était chargé d'un cours à l'École de maistrance et qui a quitté Toulon le 28 juillet 1876, pour aller servir en Cochinchine, ayant donné, avant son départ de Toulon, toutes les leçons que comportait le cours dont il était chargé, a droit à la totalité de son supplément, par application des dispositions de l'article 91, § 3, du décret du 1er juin 1875. (Dépêche à Toulon le 4 décembre 1876.)

[2] Aux termes des dispositions des articles 91 et 136 du décret du 1er juin 1875, le commandant en second de la division de Rochefort, qui remplit par intérim les fonctions de commandant en premier, perd le supplément attaché à ses fonctions et a droit à l'intégralité du supplément attribué au commandant de la division. Il doit recevoir en outre les trois quarts de l'indemnité pour frais de représentation. (Dépêche à Rochefort le 2 novembre 1875.)

Les suppléments de fonctions alloués aux intérimaires peuvent se cumuler avec l'indemnité de séjour. (Circulaire du 14 février 1876, *B. O.*, page 232.)

Absence du chef de service dans les ports secondaires où il y a un ingénieur de la marine. — L'indemnité est attribuée moitié pour frais de représentation au fonctionnaire chargé par intérim de la direction du service, et moitié au fonctionnaire chargé également par intérim de pourvoir à l'ordonnancement des dépenses. (Dépêche à Marseille le 25 septembre 1875.)

Le supplément de solde pour résidence dans Paris n'est accordé aux officiers généraux que lorsqu'ils occupent l'un des emplois ci-après :

Membre du Conseil d'amirauté;

Membre du Conseil des travaux de la marine;

Directeur général du dépôt des cartes et plans de la marine;

Président du Comité consultatif des colonies;

Président du Comité consultatif de l'artillerie de la marine;

Chef du cabinet du Ministre de la marine et des colonies;

Inspecteur en chef colonial.

2. Ce supplément n'est pas dû aux officiers, fonctionnaires ou agents qui reçoivent un traitement spécial à raison des fonctions qu'ils sont appelés à remplir, ni aux officiers ou autres en mission à Paris, lorsqu'ils restent titulaires de leur résidence dans les ports.

3. Ce supplément est déterminé par le tarif n° 30 annexé au présent décret.

4. Les officiers de tous grades de la marine membres des assemblées législatives ont également droit au supplément de résidence dans Paris.

5. Le supplément de solde n'est dû que pour les journées de présence dans Paris.

6. Toutefois, il est conservé aux officiers, aspirants, fonctionnaires ou agents pendant la durée des permissions à solde entière.

7. Les officiers qui vont en mission, en congé, ou qui entrent dans les hôpitaux, cessent d'avoir droit à ce supplément à compter du jour de leur départ ou de leur entrée à l'hôpital.

Art. 94.

Supplément de solde aux lieutenants de vaisseau ayant douze années de service dans ce grade.

1. Un supplément de solde de cinq cents francs par an est alloué aux lieutenants de vaisseau ayant douze années de service dans ce grade [1].

2. Ce supplément est payé dans toutes les positions donnant droit à une solde d'activité. Il n'entre pas dans la quotité de la solde de présence à la mer pour la fixation de la solde de non-activité.

Section II. — Indemnités et gratifications.

§ 1er. *Indemnités de logement et d'ameublement.*

Art. 95.

Règles d'allocation des indemnités de logement et d'ameublement.

1. L'indemnité de logement (tarif n° 36) est due, sauf les exceptions déterminées par les articles 96, 97, 98, 99, 100 et 102 ci-après, en France,

[1] Ce supplément n'est pas dû aux lieutenants de vaisseau en résidence fixe. (Circulaire du 9 août 1875, *B. O.*, p. 132.)

Voir circulaire du 6 mars 1879, *B. O.*, page 279, pour l'application de l'article 94.

en Algérie et dans les colonies, aux officiers et aspirants qui ne sont logés, ni à bord des bâtiments de la flotte, ni dans les immeubles dont l'État, les colonies ou les communes sont propriétaires ou locataires, ou qui ne sont ni campés, ni baraqués.

2. Ceux qui sont logés dans des locaux non meublés ont droit seulement à l'indemnité d'ameublement.

3. L'indemnité de logement est due aux officiers et aspirants embarqués qui sont temporairement obligés de se loger à terre, lorsque le bâtiment se trouve dans une des positions prévues par les paragraphes 1 et 2 de l'article 176 ci-après.

4. Elle ne peut être allouée aux officiers auxiliaires que dans les cas déterminés par le troisième paragraphe du présent article.

5. L'indemnité de logement est allouée, par continuation, aux officiers de marine employés auprès du Président de la République, du Ministre de la marine et des colonies ou des amiraux, lorsqu'ils sont envoyés en mission à la mer. La concession de cette allocation ne peut excéder le terme de trois mois.

6. Les élèves sortant de l'École polytechnique ou de l'École navale n'ont droit à l'indemnité de logement lorsque à la sortie del'école ils vont en congé, qu'à compter du jour où ils ont rejoint le poste qui leur a été assigné en vertu d'un premier ordre de service.

7. La même disposition est applicable aux élèves commissaires de la marine nommés aides-commissaires, ainsi qu'aux aumôniers et autres fonctionnaires entrant au service de la marine [1].

Art. 96 [2].

Officiers généraux des divers corps, capitaines de vaisseau et capitaines de frégate sans emploi.

1. Les officiers des différents corps de la marine, d'un rang supérieur à celui de capitaine de vaisseau, n'ont droit à l'indemnité de logement qu'autant qu'ils sont chargés d'une mission ou pourvus d'un emploi à terre. Toutefois, l'officier général qui, en vertu des ordres du Ministre, se rend dans un port pour embarquer, a droit à cette indemnité du jour de son arrivée au port jusqu'à celui de son embarquement.

2. Les capitaines de vaisseau et les capitaines de frégate en résidence

[1] *Article 95, §§ 5, 6 et 7.* — Les élèves commissaires qui obtiennent, soit avant, soit après leur nomination au grade d'aide-commissaire, un congé ou une permission, n'ont droit à l'indemnité de logement qu'à compter du jour où ils ont rejoint leur poste. (Dépêche du 7 juin 1877 à Toulon.)

[2] *Article 96.* — Les capitaines de vaisseau et de frégate qui, ayant obtenu une permission de trente jours, sont autorisés à rester chez eux en résidence libre, perdent tout droit à l'indemnité de logement depuis le jour de leur départ du port. (Circulaire du 28 août 1875, *B. O.*, p. 240.)

L'officier général quittant un emploi à terre dans un port, et appelé à prendre un commandement dans le même port, n'a pas droit à l'indemnité de logement pour le laps de temps qui s'écoule entre le moment où il quitte cet emploi et celui où il arbore son pavillon de commandement. (Dépêche télégraphique du 21 mars 1877 à Toulon.)

libre cessent, dans cette situation, d'avoir droit à l'indemnité de logement. Toutefois, ils reprennent la jouissance de cette allocation lorsqu'ils obtiennent un congé de convalescence ou un congé pour faire usage des eaux thermales ou minérales.

ART. 97.

Officier embarqué en permission.

L'officier ou l'aspirant embarqué, absent momentanément du bord par permission, n'a pas droit à l'indemnité de logement pendant la durée de sa permission, s'il n'en jouissait pas au moment du départ.

ART. 98 (1).

Officier changeant de position.

1. L'officier passant de la non-activité à l'activité et celui qui quitte une résidence où il était logé et meublé aux frais de l'État ont droit à l'indemnité de logement ou d'ameublement, à compter du jour de leur arrivée à leur poste.

2. Cette disposition n'est pas applicable aux officiers, fonctionnaires et agents du service colonial appelés à changer de résidence. Ils ont droit à l'indemnité de logement à compter du jour où ils quittent le local qui leur était assigné, à moins qu'ils ne soient embarqués immédiatement pour suivre leur nouvelle destination. Dans ce dernier cas, ils ne peuvent prétendre à l'indemnité de logement qu'à compter du jour de leur débarquement, soit à l'arrivée à destination, soit en France en cours de voyage.

3. Les dispositions du premier paragraphe ne sont pas applicables aux fonctionnaires qui, en quittant une résidence où ils étaient logés ou meublés aux frais de l'État, obtiennent un congé avant de rallier leur nouveau poste. Dans cette situation, ils sont traités conformément aux prescriptions de l'article 100 ci-après.

ART. 99.

Officier sortant de l'activité.

L'officier passant de l'activité à la non-activité, au cadre de réserve, à la retraite ou à la réforme, cesse d'avoir droit à l'indemnité de logement ou d'ameublement à compter du jour où il cesse de recevoir la solde d'activité.

ART. 100 (2).

Officiers et aspirants en position d'absence ou en mission.

1. Les officiers et aspirants en congé, en prolongation de congé, en permission, en mission ou aux hôpitaux, ont droit à l'indemnité de logement.

2. Ceux qui sont logés aux frais de l'État et qui restent titulaires de leur

(1) *Article 98.* — Par analogie avec les dispositions contenues dans le premier paragraphe de cet article, les capitaines de vaisseau ou de frégate en résidence ne recouvrent le droit à l'indemnité de logement qu'à compter du jour de leur arrivée à leur poste. (Circulaire du 28 février 1876, *B. O.*, p. 308.)

(2) *Article 100.* — L'indemnité de logement n'est pas due aux officiers embarqués qui sont en traitement dans les hôpitaux. (Dépêche à Cherbourg le 2 décembre 1878.)

résidence n'ont pas droit à l'indemnité de logement, mais ils conservent l'indemnité, d'ameublement, si les meubles ne leur sont pas fournis en nature.

3. Les officiers et aspirants en congé ou en prolongation de congé sans solde n'ont pas droit à l'indemnité de logement.

ART. 101.

Officier nommé à un grade supérieur.

L'officier qui, jouissant déjà de l'indemnité de logement, est promu à un grade supérieur, reçoit l'indemnité affectée à son nouveau grade, à compter du jour où il a droit à la solde de ce grade.

ART. 102.

Officier démissionnaire.

L'officier démissionnaire cesse d'avoir droit à l'indemnité de logement ou d'ameublement à compter du lendemain du jour où il a reçu l'avis de l'acceptation de sa démission.

ART. 103.

Officier remplissant les fonctions d'un grade supérieur.

L'officier appelé provisoirement à remplir les fonctions d'un grade supérieur au sien n'a droit qu'à l'indemnité de logement ou d'ameublement du grade dont il est pourvu.

ART. 104.

Supplément pour résidence dans Paris et en Algérie.

1. Les suppléments aux indemnités de logement et d'ameublement alloués pour le séjour à Paris et en Algérie sont dus à tout officier ayant droit au supplément de solde dans Paris ou à la solde en Algérie s'il est logé ou meublé à ses frais.

2. Les mêmes suppléments sont dus aux officiers généraux et assimilés quand ils sont pourvus d'un emploi à Paris ou en Algérie.

3. Le supplément à l'indemnité de logement est également alloué, par continuation, aux officiers de marine qui, se trouvant à Paris, en service auprès du Président de la République, du Ministre de la marine et des amiraux, sont envoyés en mission à la mer. La concession de cette allocation, ainsi qu'il est dit à l'article 20, § 3, ne peut excéder le terme de trois mois.

4. Le supplément aux indemnités de logement et d'ameublement est maintenu aux officiers, lorsque, étant envoyés en mission, en congé ou en prolongation de congé et admis dans les hôpitaux, ils restent titulaires de leur résidence.

ART. 105.

Supplément pour séjour aux colonies.

1. Le supplément à l'indemnité de logement ou d'ameublement est dû à tout officier qui, étant en service dans les colonies, a droit à la solde coloniale.

2. Ce supplément est maintenu à ces officiers lorsque étant envoyés en mission, soit en pays étranger, soit dans une autre colonie, ils restent titulaires de leur résidence.

3. Les officiers embarqués, lorsqu'ils sont obligés de se loger à terre dans les colonies, ont droit à l'indemnité de logement sur le pied colonial.

Art. 106.

Officier n'occupant pas le logement ou ne faisant pas usage des meubles qui lui sont assignés.

1. L'officier qui, sur sa demande, est autorisé à ne pas occuper le logement qui lui est assigné, ne peut prétendre à l'indemnité représentative de logement.

2. Il ne peut prétendre à l'indemnité représentative d'ameublement, s'il ne fait pas usage des meubles qui lui sont fournis.

§ 2. *Indemnité en rassemblement.*

Art. 107.

Droit à l'indemnité en rassemblement.

1. Dans les localités où il existe des rassemblements extraordinaires de troupes, il est accordé aux officiers, aspirants, fonctionnaires ou agents, une indemnité motivée sur la cherté des vivres.

2. Cette allocation qui prend le titre d'indemnité en rassemblement doit être préalablement autorisée par une décision du Président de la République. Elle cesse avec les causes qui l'ont motivée.

3. L'indemnité en rassemblement est fixée, selon les grades ou emplois, par le tarif n° 37, dont les indications constituent un maximum qui peut être réduit selon les circonstances.

4. L'indemnité en rassemblement est due pour les journées passées dans la circonscription du rassemblement. Elle n'est pas due aux officiers, aspirants, fonctionnaires ou agents en permission, en congé, en mission ou à l'hôpital et ne peut être allouée concurremment avec l'indemnité de séjour ou les vivres en nature.

§ 3. *Frais de service attribués aux commissaires et administrateurs de l'inscription maritime.*

Art. 108.

Droit à l'indemnité de frais de service allouée aux commissaires et administrateurs de l'inscription maritime.

1. Les frais de service attribués aux commissaires et administrateurs de l'inscription maritime sont déterminés par le tarif n° 35 annexé au présent décret.

2. En cas d'absence du titulaire à raison de mission, de congé, de permission ou d'entrée à l'hôpital, les frais de service sont conservés au titulaire, qui doit pourvoir à toutes les dépenses auxquelles cette indemnité doit faire face.

§ 4. *Indemnité spéciale pour mission hydrographique.*

ART. 109.

1. Lorsque les officiers de marine et les ingénieurs hydrographes chargés d'une mission hydrographique sont embarqués et qu'ils ne peuvent être nourri par les tables du bord, soit par suite de leur éloignement du bâtiment, soit parce qu'il n'existe pas de table d'officiers, ils reçoivent concurremment avec la solde à la mer l'indemnité de séjour déterminée par l'article 14 du décret du 12 janvier 1870.

Droit à l'indemnité spéciale pour mission hydrographique.

2. Cette indemnité, qui tient lieu, dans le dernier cas, de traitement de table, est augmentée de moitié pendant la durée de leur présence sur les lieux d'opération.

3. Dans le cas de mission n'entraînant pas embarquement, les officiers de marine et les ingénieurs hydrographes reçoivent, avec leur solde à terre sur le pied de France et l'indemnité de logement, les frais de séjour susmentionnés.

§ 5. *Indemnités de responsabilité aux comptables des matières chargés d'un service et suppléments aux agents placés sous leurs ordres.*

ART. 110.

1. L'indemnité de responsabilité allouée aux comptables des matières est due pour toute la durée de la gestion.

Droit à l'indemnité de responsabilité allouée aux comptables des matières; durée de la gestion.

2. La gestion d'un comptable commence et finit aux jours indiqués par les procès-verbaux constatant la prise et la remise du service.

3. Les dispositions du présent article sont applicables aux comptables intérimaires.

ART. 111.

Les indemnités de responsabilité accordées aux comptables des matières et déterminées par le décret constitutif du corps ne commencent à leur être payées que du jour où ils ont justifié de la réalisation de leur cautionnement.

Date à partir de laquelle cette indemnité est payée.

ART. 112.

Les agents qui, ayant été admis dans le corps des comptables antérieurement au 1er janvier 1853, sont dispensés de fournir le cautionnement réglementaire, ne reçoivent que les trois quarts de l'indemnité de responsabilité.

Comptables dispensés de fournir le cautionnement réglementaire.

ART. 113.

Les indemnités de responsabilité accordées aux comptables des matières sont payées par dixième, savoir :

Mode de payement de l'indemnité de responsabilité des comptables.

Au comptable chargé d'un service :

Un dixième après l'envoi au Ministre de chacun des relevés des opérations des trois premiers trimestres, en tout trois dixièmes;

Quatre dixièmes après l'envoi des relevés des opérations du quatrième trimestre tenant lieu de compte de gestion;

Enfin, les trois dixièmes restants, sur l'autorisation donnée par le Ministre, après la vérification du compte à Paris.

Aux préposés comptables :

Deux dixièmes après la remise au comptable chargé du service de chacun des relevés trimestriels de leurs opérations, en tout huit dixièmes;

Les deux derniers dixièmes après l'envoi au Ministre des relevés des opérations du quatrième trimestre tenant lieu de compte de gestion.

Art. 114.

Époques de payement de cette indemnité pour les agents placés sous les ordres des comptables.

1. Les suppléments accordés aux agents placés sous les ordres des comptables chargés d'un service sont payés ainsi qu'il suit :

Deux dixièmes après l'envoi au Ministre de chacun des relevés des opérations des trois premiers trimestres, en tout six dixièmes, et les quatre derniers dixièmes après l'envoi au Ministre du relevé des opérations du quatrième trimestre portant récapitulation des opérations de l'année.

2. Les suppléments accordés aux agents placés sous les ordres des préposés comptables sont payés aux mêmes époques que les indemnités de responsabilité allouées à ces préposés comptables.

3. En cas d'absence du titulaire, les suppléments qui font l'objet du présent article sont alloués à l'agent chargé par ordre de faire l'intérim.

Art. 115.

Comptable cessant ses fonctions dans le courant d'une année.

Lorsqu'un comptable chargé d'un service cesse ses fonctions dans le courant d'une année, il reçoit, après l'envoi au Ministre du relevé qui tient lieu de compte, le complément des sept dixièmes de l'indemnité qui lui est due pour la durée de sa gestion pendant l'année. Le payement des trois derniers dixièmes n'a lieu que sur l'autorisation donnée par le Ministre, après la vérification du compte.

Art. 116.

Suppléments alloués aux agents du service de la comptabilité.

Les suppléments alloués aux agents du service de la comptabilité sont dus à compter du jour fixé par la décision du Ministre qui les accorde, jusqu'au jour de la cessation des fonctions qui ontmotivé l'allocation, ou de la décision du Ministre qui la supprime.

Art. 117.

Pièces à produire pour le payement des indemnités de respon-

1. Le payement des indemnités de responsabilité allouées aux comptables chargés d'un service et celui des suppléments qui ont été accordés aux agents

sous leurs ordres ont lieu sur la production d'un certificat du commissaire général, du chef de service ou du directeur de l'établissement de la marine, suivant le cas, constatant l'envoi au Ministre des documents de comptabilité, ou de l'extrait de la dépêche du Ministre portant autorisation du payement.

sabilité allouées aux comptables chargés d'un service et pour le payement des suppléments aux agents placés sous leurs ordres.

2. Le payement des indemnités de responsabilité allouées aux préposés comptables et celui des suppléments qui ont été accordés aux agents placés sous les ordres de ces préposés ont lieu sur la production d'un certificat du comptable principal, visé par l'autorité administrative, et constatant la remise à ce comptable ou l'envoi au Ministre, suivant le cas, des documents de comptabilité.

3. A l'égard de la partie de l'indemnité tenue en réserve jusqu'à l'arrêté par le Ministre du compte du comptable, on doit se conformer, lorsque le payement a lieu après la clôture de l'exercice, aux prescriptions concernant les rappels de solde et accessoires de solde payables sur revues.

§ 6. *Indemnités pour frais de bureau.*

Art. 118.

Abonnement alloué à titre de frais de bureau.

Il est pourvu aux fournitures de bureau, dans les divers services de la marine, par des allocations annuelles en argent fixées à titre d'abonnement.

Art. 119.

Tarifs applicables au service à terre et au service à la mer.

Les frais d'abonnement pour les services à terre sont réglés d'après les tarifs n°s 44 à 48 et ceux pour le service à la mer sont déterminés par les tarifs n°s 49 et 50, annexés au présent décret.

Art. 120.

Répartition entre les divers services du montant des frais de bureau alloués à titre d'abonnement dans les ports militaires.

1. Le major général, le commissaire général et les directeurs, dans les ports militaires, font, entre les divers détails de leur ressort, la répartition des sommes allouées pour le service dirigé par chacun d'eux, indépendamment de celles dont l'allocation leur est personnelle.

2. Cette répartition est établie d'après les bases indiquées dans la deuxième colonne du tarif n° 45 et soumise annuellement par le vice-amiral commandant en chef, préfet maritime, à l'approbation du Ministre. Elle est déposée en original au détail des revues.

Art. 121.

Répartition de la même indemnité dans les ports secondaires et dans les établissements de la marine hors des ports.

1. Les chefs du service de la marine dans les ports secondaires et les directeurs dans les établissements hors des ports font une semblable répartition entre les officiers et agents sous leurs ordres et la soumettent à l'approbation du Ministre. Une expédition de cette répartition est déposée au détail des revues ou dans les bureaux de l'agent administratif, suivant le cas.

2. Les autres abonnements, dans quelque localité que ce soit, sont payés aux titulaires, qui assurent leur service de la manière qu'ils jugent convenable.

3. Les frais de bureau des commissaires et des administrateurs de l'inscription maritime sont compris dans les frais de service déterminés par l'article 108 ci-dessus.

ART. 122.

Les indemnités pour frais de bureau sont allouées au titulaire de la fonction.

1. Les indemnités pour frais de bureau sont payées aux titulaires présents à leur poste, à dater du jour de leur entrée en fonctions.

2. Toutefois, les titulaires qui s'absentent momentanément en vertu d'une autorisation d'absence régulière conservent leurs droits à l'indemnité pour frais de bureau pendant tout le temps de leur absence, à la charge par eux de pourvoir aux dépenses auxquelles cette allocation doit faire face.

3. En cas de vacance d'emploi, l'indemnité est due à l'intérimaire.

ART. 123.

Mode de payement des indemnités accordées à titre personnel.

Les indemnités pour frais de bureau allouées à titre personnel sont payées dans toutes les positions donnant droit à la solde de présence, excepté dans le cas de congé à solde entière.

ART. 124.

Mode de décompter l'indemnité pour frais de bureau.

1. Les indemnités pour frais de bureau se décomptent comme la solde et s'acquittent à terme échu, soit par mois, soit par trimestre, suivant les convenances du service.

2. Le payement des indemnités allouées aux chefs de service et des sommes réparties par eux, conformément aux articles 120 et 121, a lieu sur l'acquit de chacune des parties prenantes.

ART. 125.

Fournitures que comprend l'indemnité pour frais de bureau. Format des papiers, registres, etc.

1. Les frais d'abonnement comprennent les fournitures de toute espèce, les papiers, les registres en blanc et le luminaire [1].

2. Il n'est fourni que les imprimés relatifs à la comptabilité et au service général, tels qu'il sont déterminés par le bordereau général des imprimés arrêté par le Ministre. Toute autre impression est à la charge du fonctionnaire.

3. Les cartons de bureau, les cachets, les timbres et tampons sont à la charge de l'État.

ART. 126.

Fournitures de bureau délivrées en nature à diverses écoles; instruments de mathématiques, livres et prix de fin d'année.

Les fournitures de bureau nécessaires à l'enseignement dans les écoles normales et préparatoires de maistrance sont délivrées en nature par la marine.

[1] Chaque chef supérieur doit veiller à ce que, dans tous les détails et bureaux placés sous ses ordres, il ne soit fait usage que des fournitures de bureau, papier et registres de formats convenables et appropriés à leur destination.

2. Il en est de même du papier et autres objets nécessaires à l'École de voilerie du port de Brest.

3. Les fournitures pour le service des écoles élémentaires d'apprentis instituées par le décret du 7 avril 1851 sont à la charge des professeurs de ces écoles, qui reçoivent, à cet effet, les allocations déterminées par le tarif n° 45 annexé au présent décret.

4. Les instruments de mathématiques, les livres et les prix de fin d'année ne sont pas compris dans l'abonnement et sont fournis par le département de la marine.

ART. 127.

1. Ne sont pas considérés comme fournitures de bureau, les papiers, instruments et objets de toute nature nécessaires à l'exécution des plans, atlas et dessins par les dessinateurs des divers ateliers des ports et des établissements hors des ports.

Papiers, instruments, etc., qui ne sont pas considérés comme fournitures de bureau.

2. Ces papiers, instruments et autres objets sont applicables, comme matières, aux ouvrages exécutés.

3. Ils sont délivrés dans les formes déterminées par le règlement sur la comptabilité des matières.

4. Sont exceptés des dispositions ci-dessus les instruments et fournitures nécessaires à l'exécution des projets et études particulières des officiers du génie maritime, qui doivent pourvoir à leur achat au moyen de l'allocation personnelle que leur attribue le règlement.

5. Le vice-amiral commandant en chef, préfet maritime, ou le directeur de l'établissement doit prendre les mesures nécessaires pour empêcher tout abus par l'emploi à d'autres usages que ceux auxquels ils sont destinés des papiers, instruments et divers objets délivrés par la marine.

§ 7. *Indemnités pour perte d'effets et de matériel de table.*

ART. 128.

Les pertes d'effets éprouvées par les officiers, aspirants, fonctionnaires ou agents dansl es naufrages ou échouements, et dans d'autres circonstances dérivant d'un service commandé, par suite d'événement de force majeure, dûment constaté, n'ouvrent de droit à l'indemnité qu'en vertu d'une décision spéciale du Ministre de la marine, rendue sur un rapport motivé.

Perte d'effets.

ART. 129.

Les dispositions de l'article précédent sont applicables aux officiers, aspirants, fonctionnaires ou agents embarqués comme passagers, soit à bord des bâtiments de l'État, soit à bord des navires du commerce, à raison d'un service commandé ou d'un congé donnant droit au passage aux frais de l'État.

Passagers sur les bâtiments de l'État ou les navires du commerce.

Art. 130.

Pertes de matériel de table.

Dans les conditions déterminées par l'article 128 ci-dessus, il peut être alloué des indemnités pour perte de matériel de table aux officiers commandants ainsi qu'aux diverses tables de bord, lorsque le matériel n'a pas été fourni par l'État.

Art. 131.

Mode d'allocation da l'indemnité pour pertes d'effets ou de matériel de table.

L'indemnité (tarif nº 40) est allouée :
Soit pour perte totale;
Soit pour pertes partielles.

Art. 132

Justification des pertes.

1. Le procès-verbal des pertes à bord des bâtiments de l'État et les demandes concernant les allocations d'indemnité, conformément aux classifications du tarif, sont établis par le conseil d'administration du bord ou le capitaine comptable, sauf le cas où il s'agit de pertes éprouvées par un officier général.

2. A l'égard des bâtiments placés sous les ordres d'un officier général ou d'un capitaine de vaisseau chef de division ou d'un gouverneur de colonie, le procès-verbal est visé par l'officier général, par le chef de division ou par le gouverneur, et accompagné de leur avis motivé.

3. A l'égard des bâtiments placés sous les ordres des vices-amiraux commandant en chef, préfets maritimes, le procès-verbal est visé par le préfet et accompagné de son avis motivé.

4. A terre, le procès-verbal et la demande sont établis par l'autorité sous les ordres de laquelle l'intéressé se trouve placé. Le procès-verbal est visé, suivant le cas, par le vice-amiral commandant en chef, préfet maritime, le chef du service ou le directeur de l'établissement de la marine, en France, et, dans les colonies, par le gouverneur ou le commandant de la colonie.

Le tout est transmis au Ministre.

5. Les pertes éprouvées par les officiers généraux commandants sont constatées par leur rapport adressé au Ministre.

6. A bord des navires du commerce, la perte est constatée par un procès-verbal signé par le capitaine et par les principaux de l'équipage. Ce procès-verbal est transmis au Ministre avec la demande de l'intéressé.

Art. 133.

Délai dans lequel elle doit être produite

Sauf le cas d'empêchement résultant de force majeure, toute constatation de pertes pour justifier la demande d'indemnité doit être faite dans le délai d'un mois après l'événement.

ART. 134.

En cas d'urgence reconnue, les commandants en chef d'armée, d'escadre ou de division navale, les capitaines des bâtiments isolés et les gouverneurs ou commandants de colonie sont autorisés à faire payer aux parties intéressées, après les constatations établies conformément aux deux précédents articles, un acompte qui ne peut excéder la moitié de l'indemnité demandée pour chacune d'elles. Il en est rendu compte immédiatement au Ministre.

Acompte à payer en cas d'urgence.

§ 8. *Frais de premier établissement des gouverneurs, des commandants de colonie et des évêques.*

ART. 135.

Il est alloué aux gouverneurs, commandants de colonie et évêques, à titre de frais de premier établissement, une indemnité dont la quotité est déterminée par le tarif n° 42 annexé au présent décret.

Frais de premier établissement des gouverneurs, des commandants de colonie et des évêques.

§ 9. *Indemnités de représentation.*

ART. 136.

1. Les indemnités de représentation déterminées par le tarif n° 31 ne sont payées intégralement aux officiers ou fonctionnaires auxquels elles sont allouées que pour le temps de leur présence à leur poste ou pendant la durée de leur mission dans l'étendue de leur circonscription.

2. En cas d'absence du titulaire, même en permission, l'indemnité est allouée dans les proportions suivantes :

Un quart au titulaire de la fonction, trois quarts à l'intérimaire.

Durée de l'allocation attribuée à titre de frais de représentation.

ART. 137.

Les frais de représentation à allouer aux vice-amiraux ou contre-amiraux chargés de missions d'inspection générale sont fixés par le Ministre de la marine, à raison de l'importance et de la durée de chaque mission.

Inspecteurs généraux.

ART. 138.

1. L'amiral commandant une armée navale ou le vice-amiral pourvu d'une commission d'amiral reçoit, à titre de traitement extraordinaire, des frais de représentation tenant lieu de tout traitement de table.

2. Ces frais de représentation sont fixés par décret du Président de la République.

Amiraux commandant à la mer.

§ 10. *Indemnité représentative du chauffage et de l'éclairage.*

ART. 139.

1. Les vice-amiraux commandant en chef, préfets maritimes, les chefs de service dans les ports secondaires et le commandant de la marine en

Mode de chauffage et d'éclairage des locaux occupés par les

vice-amiraux commandant en chef, préfets maritimes, les chefs de service dans les ports secondaires, et les directeurs dans les établissements de la marine situés hors des ports.

Algérie reçoivent, à titre de fournitures de chauffage et d'éclairage, les allocations déterminées par le tarif n° 51 annexé au présent décret.

2. Au moyen dudit abonnement, ces fonctionnaires pourvoient au chauffage et à l'éclairage, quel qu'en soit le mode, des pièces intérieures de leurs hôtels (salons, salles à manger, chambres d'habitation, antichambres, cuisines, couloirs, corridors intérieurs, etc.), y compris leur cabinet, leur secrétariat, le bureau des aides de camp et les salles de conseil; aucune délivrance en nature ne peut leur être faite par les magasins de la marine.

3. Dans les établissements situés hors des ports, la fourniture de chauffage et de luminaire pour les maisons, salles de conseil et bureaux des directeurs est faite en nature.

Art. 140.

Chauffage et éclairage des bureaux des services administratifs et de l'inscription maritime dans les ports secondaires.

Les fournitures de chauffage et d'éclairage pour les divers bureaux des services administratifs et de l'inscription maritime dans les ports secondaires sont réglées par abonnement. Elles sont comprises, en ce qui concerne les quartiers d'inscription maritime, dans l'allocation prévue par l'article 108 sous le titre : *Indemnité pour frais de service.*

Art. 141.

Indemnité en argent allouée en remplacement du chauffage et de l'éclairage en nature, à divers agents de la marine.

1. Les concierges et portiers de chaque hôtel de préfecture maritime reçoivent, chacun, pour leur tenir lieu de fournitures de chauffage et d'éclairage de leur poste, une allocation en argent déterminée par le tarif n° 51 annexé au présent décret.

2. La même indemnité peut être allouée par le Ministre, sur la proposition des conseils d'administration, aux gardiens des postes donnant droit à ces fournitures qui seraient éloignés des lieux de consommation.

3. Dans les localités autres que les ports militaires, les agents occupant des postes donnant droit aux allocations de chauffage et d'éclairage, et dont l'état sera également arrêté par le Ministre, recevront, pour leur en tenir lieu, la même indemnité.

Art. 142.

Mode de payement de l'indemnité de chauffage et d'éclairage.

1. Le payement de l'indemnité de chauffage et d'éclairage est fait à terme échu et par dix-huitièmes; savoir :

2/18es pour chaque mois, du 1er octobre au 31 mars.

1/18e pour chaque mois, du 1er avril au 30 septembre.

2. L'indemnité est payée au fonctionnaire titulaire; s'il s'absente en vertu d'une autorisation régulière, il conserve ses droits à l'indemnité de chauffage et d'éclairage pendant tout le temps de son absence, à la charge par lui de pourvoir aux dépenses auxquelles cette allocation doit faire face.

3. En cas de vacance d'emploi, l'indemnité est due à l'intérimaire.

CHAPITRE IX.

Privation de solde.

ART. 143.

Absence irrégulière.

L'officier, aspirant, fonctionnaire ou agent qui s'absente de son poste sans autorisation régulière ne reçoit aucune solde pour le temps de son absence.

ART. 144.

Officier, aspirant, fonctionnaire ou agent arrivant après les délais fixés par sa feuille de route.

1. L'officier, aspirant, fonctionnaire ou agent qui, se rendant à son poste, avec ou sans frais de route, n'a pas rejoint dans les délais fixés par sa feuille de route, n'a droit, sauf le cas d'empêchement légitime et dûment constaté, à aucune solde pour le temps qui s'est écoulé depuis l'expiration de ses délais de route.

2. La même disposition est applicable aux officiers en mission qui dépassent le temps fixé pour la durée de leur mission.

ART. 145 (1).

Fonctionnaires et agents du service métropolitain suspendus de leurs fonctions par mesure de discipline.

Les fonctionnaires et agents du service métropolitain, à la nomination du Ministre ou des autorités locales, n'ont droit à aucune solde lorsqu'ils sont supendus de leurs fonctions par mesure de discipline.

ART. 146.

Fonctionnaires et agents du service colonial suspendus de leurs fonctions par mesure de discipline.

1. Les fonctionnaires et agents du service colonial nommés par le Président de la République ou par le Ministre de la marine ne peuvent subir, lorsqu'ils sont suspendus provisoirement de leurs fonctions par mesure de discipline et en attendant une décision supérieure, une privation de solde excédant la moitié de leur traitement colonial, pendant leur séjour dans la colonie où ils étaient en fonctions, et de leur traitement d'Europe pendant la traversée ou leur séjour hors de ladite colonie.

2. Les fonctionnaires ou agents, à la nomination des gouverneurs ou commandants de colonie, n'ont droit à aucune solde lorsqu'ils sont suspendus de leurs fonctions par mesure disciplinaire.

(1) *Article 45.* — Par décret du 17 août 1879, cet article a été modifié ainsi qu'il suit :

Les fonctionnaires et agents du service métropolitain, à la nomination du Ministre ou des autorités locales, n'ont droit à aucune solde lorsqu'ils sont suspendus de leurs fonctions par mesure de discipline.

Ils subissent une retenue du tiers de leur solde lorsqu'ils sont punis disciplinairement de la prison.

ART. 147.

Autre cas entraînant privation de solde.

La privation de solde est étendue aux officiers, aspirants, fonctionnaires et agents qui se trouvent dans l'un des cas d'exception spécifiés aux articles 60, 80, 82 et 84 du présent décret.

ART. 148.

La privation de solde entraîne la privation d'une part proportionnelle des accessoires de la solde.

Dans tous les cas prévus au présent chapitre, la privation de solde entraîne la privation d'une part proportionnelle des accessoires de la solde.

TITRE II.

Traitement de table.

CHAPITRE PREMIER.

Traitement de table des commandants d'armée, d'escadre ou de division navale.

ART. 149.

Amiral commandant une armée navale ou vice-amiral pourvu d'une commission d'amiral.

L'amiral commandant une armée navale ou le vice-amiral pourvu d'une commission d'amiral reçoit, ainsi qu'il est dit à l'article 138, des frais de représentation tenant lieu de traitement de table.

ART. 150.

Officiers généraux pourvus d'un commandement à la mer et capitaines de vaisseau commandant des divisions navales.

Il est alloué aux officiers généraux pourvus d'un commandement à la mer en chef ou en sous-ordre et aux capitaines de vaisseau commandant des divisions navales un traitement de table (tarif n° 38, 1re colonne), à la charge par eux de recevoir à leur table, suivant les cas, le capitaine de pavillon, les officiers supérieurs (capitaines de vaisseau ou de frégate) attachés à leur état-major et le capitaine de frégate remplissant les fonctions de second.

ART 151.

Officiers supérieurs du commissariat, du génie maritime et du service de santé attachés aux états-majors généraux; aumôniers.

1. Les officiers supérieurs du commissariat de la marine, du génie maritime et du service de santé, embarqués en vertu d'une commission spéciale du Ministre pour exercer les fonctions de commissaire, d'ingénieur ou de médecin en chef ou principal d'une armée, escadre ou division navale, sont admis à la table du vice-amiral, du contre-amiral ou du capitaine de vaisseau pourvu d'un commandement dans lesdites armée, escadre ou division.

2. Dans ce cas, il est alloué au vice-amiral, au contre-amiral ou au capi-

taine de vaisseau, en supplément au traitement de table, tel qu'il est fixé par l'article précédent, une indemnité pour chacun de ces chefs de service pendant la durée de leur présence à bord (tarif n° 38).

3. Lorsque, en vertu des dispositions de l'article 89 du décret du 20 mai 1868 [1], ces chefs de service sont embarqués sur un bâtiment autre que celui du commandant en chef, ils sont admis à la table du capitaine de ce bâtiment, qui reçoit pour frais de table de chacun d'eux, et pendant la durée de leur présence à bord, l'indemnité susmentionnée.

4. La même indemnité est allouée pour l'aumônier qui est placé à la table d'un officier général ou d'un officier commandant.

Art. 152.

Officier général portant momentanément son pavillon sur un autre bâtiment.

1. Toutes les fois que l'officier général commandant en chef quitte le bâtiment pour porter momentanément son pavillon sur un des bâtiments de la force navale qu'il commande, il continue de faire tenir sa table à bord de son bâtiment en même temps qu'il la tient à bord du bâtiment sur lequel il arbore momentanément son pavillon ou son guidon.

2. Ce mouvement entraîne les modifications suivantes dans les décomptes du traitement de table:

1° Le commandant en chef admet à sa table le capitaine du bâtiment sur lequel il porte momentanément son pavillon ou son guidon, quel que soit le grade de cet officier, ainsi que les personnes qui étaient nourries à la table de ce commandant. Indépendamment du traitement de table auquel il avait droit, le commandant en chef reçoit, pour chaque personne nouvellement admise à sa table, l'allocation déterminée par l'article 151 ci-dessus;

2° Le commandant du bâtiment cesse d'avoir droit aux allocations de traitement de table qui lui étaient attribuées, soit pour lui, soit pour les personnes qui prenaient place à sa table, et ne peut prétendre qu'à la moitié du traitement de table personnel. S'il est capitaine de vaisseau, cette allocation est basée sur l'indemnité attribuée à un officier de ce grade, commandant mais n'ayant pas d'officier supérieur pour second.

Art. 153.

Officier général allant prendre ou quittant un commandement en chef et capitaine de vaisseau chef de division navale avant la prise ou après la remise de son commandement.

1. L'officier général nommé à un commandement en chef reçoit le traitement de table affecté à cette position, sur les rades de France s'il y prend effectivement son commandement, à partir du jour où il arbore son pavillon, et à l'extérieur, à dater du jour où il mouille pour la première fois dans un

[1] *Décret du 20 mai 1868, article 89.* — Si le Ministre ne s'en est pas réservé la désignation, le commandant en chef désigne les bâtiments qui porteront le pavillon des officiers généraux employés en sous-ordre et ceux sur lesquels doivent être embarqués les chefs de service placés sous ses ordres. L'officier d'administration qui dirige le service est seul obligatoirement embarqué sur le bâtiment monté par le commandant en chef.

lieu quelconque de la circonscription de son commandement. Avant cette époque, il reçoit le traitement de table alloué à l'officier général de son grade employé en sous-ordre, à moins qu'il ne soit embarqué comme passager, conformément aux dispositions de l'article 68, § 3, du décret du 20 mai 1868 [1].

2. Lorsque l'officier général opère son retour en France, il conserve le traitement de table de commandant en chef jusqu'au jour où il amène son pavillon.

3. Les dispositions qui précèdent sont applicables au capitaine de vaisseau chef d'une division navale, qui ne reçoit le traitement de table attribué à cette position que dans les cas où l'officier général aurait droit au traitement de commandant en chef.

Art. 154.

Officier général employé en sous-ordre,

Lorsque, par la teneur de ses lettres de service, l'officier général est placé sous les ordres d'un officier général d'un grade supérieur au sien ou d'un officier général plus ancien dans le même grade, il n'a droit qu'au traitement de table attribué aux officiers généraux commandant en sous-ordre, alors même qu'il serait temporairement éloigné du commandant en chef ou qu'il le remplacerait par intérim.

Art. 155.

Date de l'entrée en jouissance et de la cessation du droit au traitement de table pour l'officier général employé en sous-ordre.

L'officier général employé en sous-ordre a droit au traitement de table affecté à sa position, à compter du jour où il arbore son pavillon et jusqu'au jour où il l'amène.

Art. 156.

Officier général en sous-ordre ou capitaine de vaisseau chef de division navale portant momentanément son pavillon ou son guidon sur un autre bâtiment.

Les dispositions de l'article 152 sont applicables aux officiers généraux commandant en sous-ordre et aux officiers supérieurs chefs de divisions navales.

CHAPITRE II.

Traitement de table des capitaines de bâtiment.

Art. 157.

Capitaines des bâtiments armés.

1. Il est alloué à l'officier chargé du commandement à bord de chaque bâtiment de l'État un traitement de table réglé d'après son grade et d'après la position du bâtiment (tarif n° 38, première colonne).

[1] *Décret du 20 mai 1868, article 68, § 3.*— Lorsque, pour aller prendre possession d'un commandement ou pour suivre une nouvelle destination en quitttant un commandement, un officier général embarque sur un bâtiment qui ne fait pas partie de la force navale qu'il est appelé à commander ou qu'il vient de commander, cet officier général n'est embarqué que comme passager sur le bâtiment qui le transporte.

2. Au moyen des allocations déterminées par ledit tarif, les capitaines de vaisseau commandants reçoivent à leur table l'officier remplissant à bord les fonctions de second, s'il est officier supérieur.

3. L'officier commandant, quel que soit son grade, reçoit, pour les officiers supérieurs autres que le capitaine de frégate second, ainsi que pour l'aumônier du bâtiment, l'allocation spéciale déterminée par le même tarif.

4. Les dispositions du présent article ne sont pas applicables aux capitaines de pavillon admis à la table de l'officier général ainsi qu'il est dit à l'article 150 ci-dessus.

5. Tous les membres d'une commission, quels que soient leur grade et le but de leur mission, sont indistinctement admis à la table de l'officier commandant le bâtiment, à qui il est payé pour chaque membre une indemnité prévue au tarif n° 38 [1].

6. Le capitaine de frégate exerçant par suite de circonstances quelconques un commandement dévolu par les règlements à un capitaine de vaisseau et ayant pour second, dans cette position, un officier de son grade qu'il doit nourrir à sa table, reçoit l'allocation de traitement de table attribuée à son grade, et pour l'officier supérieur admis à sa table l'indemnité spéciale déterminée par le tarif.

Art. 158.

Capitaines des bâtiments en 1re catégorie de réserve.

Le traitement de table des capitaines de bâtiments en première catégorie de réserve stationnés sur rade est fixée aux trois quarts de l'allocation prévue par la première colonne du tarif.

Art. 159.

Capitaine de bâtiment absent par permission ou par suite d'entrée à l'hôpital.

1. Le capitaine d'un bâtiment absent par permission ou par suite d'entrée à l'hôpital reçoit, lorsque le bâtiment est présent sur rade, le traitement de table déterminé par le tarif n° 38 pour l'officier commandant en mission hors du bord, à charge par lui de continuer, s'il y a lieu, à nourrir à sa table les officiers qui y sont admis de droit.

2. Dans ce cas, le commandant provisoire, s'il est lieutenant ou enseigne de vaisseau, continue à prendre place à la table de l'état-major du bâtiment.

3. Lorsque le bâtiment prend la mer, laissant à terre, en permission ou à l'hôpital, l'officier pourvu titulairement du commandement, l'allocation de traitement de table dévolue au commandant titulaire est partagée entre lui et l'officier intérimaire dans la proportion suivante :

Un quart est alloué à l'officier pourvu titulairement du commandement;

Les trois quarts sont payés au commandant provisoire.

[1] *Article 157, § 5.* — Les commissions d'essais des bâtiments sont seules embarquées à la table des commandants. Par suite, les membres de toute autre commission, transportés d'un point à un autre par bâtiment de l'État, doivent être considérés comme passagers et classés suivant leurs grades ou leurs fonctions aux diverses tables. (Dépêche à Lorient le 26 juillet 1877.)

4. Le quart alloué au commandant titulaire est destiné à indemniser cet officier de l'usage de son matériel de table. qu'il est tenu de mettre, dans le sens le plus étendu, à la disposition de l'intérimaire, lequel, au moyen des trois quarts du traitement de table dont le payement lui est effectué, doit tenir la table et solder les agents de service du commandant au prorata du nombre de journées de traitement de table qui lui sont payées.

5. Lorsque le bâtiment se trouve dans le port dans une des positions prévues par les articles 175 et 176 ci-après, le commandant continue, en cas d'absence par permission ou par suite d'entrée à l'hôpital, à recevoir le traitement de table afférent à la position du bâtiment.

6. Ce même traitement de table lui est alloué, si, pendant la durée de son absence, ou pendant son séjour à l'hôpital, le bâtiment rentre dans le port dans une des positions prévues par le règlement.

Art. 160.

Capitaine d'un bâtiment stationné sur rade qui porte le guidon d'un commandant supérieur résidant à terre.

Le capitaine d'un bâtiment de l'État stationné sur une rade reçoit l'intégralité du traitement de table, alors même qu'un commandant supérieur résidant à terre arbore son guidon sur ce bâtiment.

Art. 161.

Capitaines de prises et officiers chargés de ramener en France des navires de commerce.

Il est alloué au capitaine de prise un traitement de table fixé, d'après son grade, conformément au tarif n° 38.

La même disposition est applicable aux officiers de marine qui sont chargés de ramener en France des navires du commerce.

Art. 162.

Admission à la table du capitaine d'un officier inférieur lorsque cet officier se trouve seul pour composer la table de l'état-major. Exception lorsque ladite table est constituée.

1. Lorsque à bord d'un bâtiment il ne se trouve qu'un seul officier en dehors du capitaine, cet officier est admis à la table de l'officier commandant, qui reçoit, pour lui, l'allocation spéciale déterminée par le tarif n° 38.

2. Dans les cas prévus aux articles 175 et 176 du présent décret, l'officier ou aspirant qui avait été admis à la table du capitaine reçoit directement l'allocation de traitement de table réglementairement attribuée à son grade.

3. Si, par suite de décès, de départ en permission ou d'entrée à l'hôpital, etc., la table de l'état-major ne se compose plus momentanément que d'un seul membre, cet officier n'est pas admis à la table du capitaine du bâtiment; il continue a tenir la table de l'état-major et il reçoit une allocation double de celle qui est attribuée aux membres de ladite table.

Art. 163.

Capitaine de bâtiment promu en cours de campagne.

1. L'officier commandant qui reçoit un avancement en grade pendant la durée d'une campagne a droit au traitement de table de son nouveau grade à compter du jour où lui parvient la notification dudit avancement.

2. Cette disposition est applicable au capitaine de vaisseau promu au grade d'officier général. Dans ce cas, il reçoit le traitement de table alloué au contre-amiral employé en sous-ordre.

CHAPITRE III.

Traitement de table des officiers composant les états-majors et traitement de table des aspirants.

Art. 164.

États-majors et aspirants.

1. Il est alloué à chacun des officiers faisant partie de l'état-major d'un bâtiment, et à chacun des aspirants et autres nourris à la table dite des aspirants un traitement de table dont la quotité est fixée par le tarif n° 38.

2. Le décompte est établi collectivement pour chacune des deux tables, et le payement en est fait par les soins du conseil d'administration à la personne qui, étant chargée de diriger le service de la table, conformément aux dispositions de l'article 392 du décret du 20 mai 1868 [1], est accréditée à cet effet par le conseil d'administration du bord.

3. Les décomptes arriérés sont, en fin d'exercice ou de campagne, et en l'absence des ayants droit, versés collectivement à la caisse des gens de mer, au profit de chaque table, pour être payés ultérieurement à l'officier qui aura, en dernier lieu, été chargé de diriger le service de la table.

En cas de décès ou de radiation des contrôles de cet officier, le payement est effectué entre les mains du plus ancien en grade des membres de la table présents en France et au service.

4. Lorsque, en fin de campagne, une table se trouve en dette, la reprise du trop-payé n'a pas lieu collectivement. Elle s'opère sur la solde individuelle des officiers présents à bord.

[1] *Décret du 20 mai 1868, article 392.*— Chacun des officiers, à son tour, est chargé de diriger le service de la table, sauf pendant l'armement, où l'officier en second et l'officier d'administration n'y concourent pas. L'ordre des tours est déterminé par le sort; toutefois sur les bâtiments où plus de quatre personnes concourent à ce service, le plus ancien des officiers de vaisseau en est exempt. La durée de chaque gestion est d'un mois au moins, de deux mois au plus.

Les comptes de la table sont examinés à la fin de chaque gestion et chaque fois qu'un mouvement a lieu dans le personnel de la table, par une commission composée du plus ancien officier de vaisseau de la table et de deux autres officiers désignés par le sort. L'officier chargé de diriger le service de la table ne peut faire partie de cette commission.

Lorsqu'un mouvement a lieu dans l'état-major, l'officier nouvellement embarqué prend pour ce service le rang de l'officier qu'il remplace.

Le compte de chacun d'eux avec l'administration de la table est réglé au jour du mouvement.

ART. 165.

Officier ou aspirant promu à un grade supérieur en cours de campagne.

1. L'officier ou aspirant qui reçoit un avancement en grade pendant la durée d'une campagne a droit au traitement de table de son nouveau grade à compter du jour où parvient au capitaine la notification dudit avancement, et où l'officier ou l'aspirant promu entre dans l'exercice des nouvelles fonctions qui déterminent un changement de table. Cette date est constatée sur le rôle d'équipage.

2. Le lieutenant de vaisseau promu au grade de capitaine de frégate passe à la table du capitaine à compter du jour où celui-ci reçoit l'avis officiel de cette nomination. Si le commandement n'est pas exercé par un capitaine de vaisseau, ou si, le commandement étant exercé par un capitaine de vaisseau, les fonctions de second à bord sont déjà remplies par un capitaine de frégate, il est alloué à l'officier commandant, à titre de supplément de traitement de table, une indemnité spéciale déterminée par le tarif n° 38.

3. Si les fonctions de second n'étaient pas remplies par un officier supérieur et si l'officier promu devient le second du bâtiment, le capitaine de vaisseau reçoit le traitement de table attribué par le tarif à un officier de son grade ayant un officier supérieur pour second. Dans le cas contraire, c'est-à-dire si l'officier promu ne prend pas les fonctions de second, le commandant reçoit, pour cet officier, à titre de supplément de traitement de table, l'indemnité spéciale prévue par le tarif n° 38.

ART. 166.

Aspirant chef de quart admis à la table de l'état-major. Table des aspirants.

1. Tout aspirant remplaçant par ordre, un officier faisant partie de l'état-major et chargé comme tel d'un quart est admis à la table de l'état-major avec le traitement alloué à cette table.

2. Lorsque, à bord d'un bâtiment le nombre réglementaire des aspirants est inférieur à quatre (y compris l'aide-médecin, s'il y en a un), les aspirants et assimilés sont admis à la table de l'état-major, qui reçoit pour eux l'allocation déterminée pour les officiers de ladite table.

3. La même mesure est appliquée, après décision du Ministre, lorsqu'il y a impossibilité d'installer la table des aspirants à bord d'un bâtiment.

4. Si, par suite de décès, de départ en permission, d'entrée à l'hôpital, etc., le nombre des aspirants ou assimilés est inférieur à quatre (y compris l'aide-médecin) les aspirants continuent à tenir leur table. Toutefois, lorsqu'il ne reste plus à bord qu'un seul aspirant ou assimilé, la table des aspirants est dissoute et le membre qui la composait est admis à la table de l'état-major.

5. Dans les cas prévus aux articles 176 et 177 du présent décret, l'aspirant ou assimilé qui avait été admis à la table de l'état-major reçoit directement l'allocation de traitement de table réglementairement attribuée à son grade.

CHAPITRE IV.

Suppléments au traitement de table [1].

ART. 167.

Parages donnant droit au traitement de table fixé par la 2e colonne du tarif.

Le traitement de table fixé par les articles 150, 151, 157, 161 et 164 est porté à la quotité déterminée par la deuxième colonne du tarif n° 38 à compter du jour où, en vertu des instructions données par le Ministre au capitaine, les bâtiments ont mouillé dans un des ports des îles Britanniques ou de l'Islande; dans un des ports de la côte du Maroc sur l'océan Atlantique; dans l'un des ports de la côte orientale d'Amérique au nord de la pointe de la Floride y compris Terre-Neuve; dans l'un des ports de la mer Baltique; dans l'un des ports des îles Açores; dans l'un des ports de la Grèce, de la Turquie et des possessions de cette puissance; dans le Levant y compris l'Égypte; dans l'un des ports situés à l'embouchure du Danube.

ART. 168.

Parages donnant droit au traitement de table fixé par la 3e colonne du tarif.

Le traitement de table fixé par les mêmes articles est porté à la quotité déterminée par la troisième colonne du même tarif à compter du jour où, pour les causes indiquées au précédent article, les bâtiments ont mouillé dans un des ports des continents ou îles d'Amérique ou d'Afrique sur l'océan Atlantique, autres que ceux qui sont désignés par cet article ou dans un des ports situés au delà du cap Horn ou du cap de Bonne-Espérance.

ART. 169.

Bâtiments traversant l'isthme de Suez.

Les bâtiments qui traversent l'isthme de Suez ont droit, pendant cette traversée, au traitement de table déterminé par la colonne n° 2 du tarif. Ceux qui viennent de la Méditerranée ne reçoivent le traitement sur le pied de la colonne n° 3 qu'à compter du jour de l'arrivée à Suez, et ceux qui viennent de la mer Rouge ne cessent les allocations de la colonne n° 3 que le jour où ils quittent ce dernier port pour traverser l'isthme.

ART. 170.

Cessation du traitement de table sur le pied colonial.

Le traitement de table est ramené à la quotité déterminée par la première colonne du tarif, du jour où le bâtiment touche à l'un des ports situés dans les parages autres que ceux indiqués par les articles 167 et 168.

[1] Le traitement de table ne doit pas être augmenté dans les ports de la Hollande. (Dépêche à Cherbourg le 24 décembre 1875.)

ART. 171.

Destinations mixtes.

En cas de destinations mixtes, le supplément varie d'après les divers points sur lesquels les bâtiments ont mouillé.

ART. 172.

Relâches pour motifs de force majeure.

Dans le cas de relâche pour motifs de force majeure, l'augmentation du traitement de table déterminé par les articles 167 et 168, n'est allouée qu'après décision du Ministre de la marine, rendue sur le rapport de l'officier général ou commandant et seulement pour le temps de la relâche.

ART. 173.

Avis à donner au port comptable des relâches par suite de circonstances de force majeure ou en vertu des instructions du Ministre.

Pour assurer l'application des dispositions contenues dans les articles 167, 168 et 172, les états de mouvements de bâtiment qui s'expédient au port comptable de la dépense devront mentionner exactement si les relâches faites ont eu lieu en vertu d'instructions données par le Ministre aux capitaines, ou indiquer les circonstances de force majeure qui ont nécessité la relâche.

CHAPITRE V.

Dispositions communes au traitement attribué aux différentes tables.

ART. 174.

Durée de l'allocation du traitement de table.

Le droit au traitement de table commence le jour de la sortie du port et cesse le jour de la rentrée dans le port, sauf les exceptions déterminées par les deux articles suivants.

ART. 175 [1].

Bâtiment à vapeur faisant ses essais ou opérant la régulation de ses compas.

1. Le traitement de table est alloué intégralement, pour les bâtiments à vapeur, à dater du jour de la sortie du port pour l'essai des machines ou pour la régulation des compas et cesse le jour de la rentrée dans le port après les essais terminés ou la régulation des compas effectuée.

2. Toutefois, lorsque, pendant la durée de ces opérations, le bâtiment rentre dans le port et y séjourne, sans interruption, pendant plus d'un mois, l'allocation est maintenue, mais seulement dans la limite de ce mois, jusqu'au

[1] *Articles 175 et 176.*— Les officiers embarquant pendant la durée du séjour d'un bâtiment dans le port doivent profiter du traitement de table alloué, dans l'arsenal, aux tables du bâtiment. C'est la situation du bâtiment qui détermine le droit au traitement de table. (Dépêche à Cherbourg le 11 février 1876.)

jour où le bâtiment sort de nouveau du port. Pendant les séjours du bâtiment dans le port, il est fait application au capitaine et au second des dispositions du paragraphe 1er de l'article suivant.

Art. 176 [1].

Bâtiment rentrant momentanément dans un port.

1. Lorsqu'un bâtiment, après achèvement de son armement, et après sa sortie du port, rentre dans un des ports de la métropole, pour toute autre cause que le désarmement ou la mise dans l'une des catégories de réserve, le traitement de table continue d'être alloué pour les différentes tables du bord, sous les modifications énoncées ci-après, jusqu'au jour où le bâtiment sort de nouveau du port ou reçoit l'ordre de procéder aux opérations de désarmement ou de passage dans la réserve. Le traitement de table alloué au capitaine est réduit conformément aux indications du tarif n° 38, et l'officier en second, lorsqu'il est capitaine de frégate, ainsi que les officiers supérieurs et l'aumônier, reçoivent directement le traitement de table fixé par ledit tarif.

2. Les dispositions du présent paragraphe sont applicables à tout bâtiment en cours de campagne que les officiers sont obligés de quitter momentanément pour cause de réparations ou toute autre cause de force majeure.

3. Lorsqu'un bâtiment portant le pavillon d'un officier général ou le guidon d'un chef de division commandant en chef rentre dans le port pour y subir des réparations et qu'il ne se trouve pas sur rade un autre bâtiment dépendant du même commandement, le capitaine de pavillon, les officiers supérieurs et l'aumônier qui étaient admis à la table de l'amiral ou du chef de division reçoivent directement, pendant la durée du séjour dans le port, s'ils ne cessent pas de figurer sur le rôle d'équipage, le traitement de table fixé par le tarif précité. Dans ce cas, l'officier général ou le chef de division continue à recevoir intégralement, au titre du bâtiment, son traitement de table, sous la déduction des sommes payées directement aux officiers qui étaient admis à sa table.

[1] *Article 176, § 5. — Solution de questions relatives à l'allocation du traitement de table dans le cas où le personnel d'un bâtiment passe sur un autre.*

L'expression *en entier* veut dire tout ce qui n'est pas retenu par d'autres dispositions ministérielles. Il arriverait bien rarement, en effet, qu'un bâtiment cédât la totalité de son équipage à un autre, eu égard aux mouvements qui sont la conséquence des congédiements, des périodes d'embarquement écoulées, des maladies, etc.

Quant aux maîtres chargés, ceux qui passent à bord du bâtiment nouvellement armé, de même que ceux qui y sont embarqués pour compléter l'équipage, ont droit au traitement de table. On ne saurait faire de distinction entre les premiers et les seconds ; mais ceux qui sont maintenus à bord du bâtiment appelé à désarmer cessent de le recevoir du jour de la rentrée dans le port.

Enfin, dans le cas où le personnel d'une table serait entièrement renouvelé, il ne saurait être alloué d'indemnité de traitement de table avant la mise en rade du bâtiment. (Dépêche à Cherbourg le 21 avril 1876.)

4. Tout bâtiment qui rentre dans le port pour quelque motif que ce soit, s'il vient à recevoir l'ordre de procéder aux opérations de désarmement ou de passer dans la réserve, cesse d'avoir droit au traitement de table à partir de la date à laquelle cet ordre lui est notifié.

5. Si le bâtiment entre dans le port pour cause de désarmement, le droit au traitement de table cesse du jour de son entrée dans le port, à moins que l'équipage ne doive passer en entier sur un autre bâtiment présent dans le port et destiné à le remplacer dans sa mission. Dans ce dernier cas, les diverses tables du bord reçoivent le traitement de table fixé par le paragraphe 1er du présent article.

Art. 177.

Bâtiments armés dans les ports de commerce.

Pour les bâtiments armés dans les ports du commerce, le traitement de table court à compter du jour de l'ouverture du rôle d'équipage, ordonnée par le chef du service de la marine. Jusqu'au jour où le bâtiment est mis en rade ou prend la mer, il est fait application des dispositions du 1er paragraphe de l'article 176.

Art. 178.

Officiers, aspirants et assimilés absents du bâtiment.

Le droit à l'allocation du traitement de table continue pour l'officier, aspirant ou assimilé absent du bord par permission à solde entière, sauf l'exception prévue pour le capitaine par l'article 159 ci-dessus.

Ce droit est interrompu pour l'officier, aspirant ou assimilé en traitement à l'hôpital ou absent du bord par suite de mission donnant droit à des indemnités de séjour.

Art. 179 (1).

Officiers généraux et commandants détachés en mission.

L'officier général et l'officier commandant, lorsqu'ils sont momentanément détachés en mission, reçoivent cumulativement avec les indemnités de route et de séjour un traitement de table réduit déterminé par le tarif n° 38, à la charge par eux de pourvoir, s'il y a lieu, pendant leur absence, à la nourriture des officiers admis à leur table, conformément aux dispositions des articles 150 et 157.

Art. 180.

Bâtiments coupant le méridien du 180e degré.

1. Le traitement de table est augmenté d'une journée pour tous les bâtiments qui coupent le méridien du 180e degré de l'ouest à l'est, c'est-à-dire que les décomptes sont mis en concordance avec le nombre de jours de rations délivrées.

(1) *Article 179.*— Au sujet d'un traitement de table de commandant alloué indûment à un lieutenant de vaisseau, capitaine intérimaire pendant la durée d'une mission du titulaire. (Circulaire du 16 octobre 1879, *B. O.*, p. 688.)

2. La même allocation est diminuée d'un jour pour tous les bâtiments qui coupent une fois le premier méridien de l'est à l'ouest.

3. Cette augmentation et cette diminution ne sont pas applicables aux bâtiments qui, dans le cours d'une même campagne, auront coupé le premier méridien en allant et en revenant.

ART. 181 [1].

Décompte du traitement de table.

Les décomptes du traitement de table sont établis par jour, à raison du nombre de jours effectifs de chaque mois. Ils sont mandatés au nom du conseil d'administration ou du capitaine comptable du bâtiment.

TITRE III.

Avances de solde et de traitement de table [2].

ART. 182 [3].

Avances de solde à payer aux officiers, aspirants ou assimilés embarqués. Avances de traitement de table aux différentes tables de bord.

1. Il est payé des avances de solde, aux officiers, aspirants ou assimilés embarqués et des avances de traitement de table, sur le pied de la colonne n° 1, aux différentes tables du bord, au moment où les bâtiments sont expédiés des ports de France pour les destinations ci-après indiquées, savoir :

Quatre mois pour les ports et parages situés au delà du cap de Bonne-Espérance ou du cap Horn;

Trois mois pour le Brésil et la Plata ;

Deux mois pour l'Islande, Terre-Neuve, les États-Unis d'Amérique, le golfe du Mexique, les Antilles, la Guyane, la côte occidentale d'Afrique, les Açores et les ports de la Baltique;

Un mois pour toute autre destination.

2. Lorsque le bâtiment qui se rend en Cochinchine, en Chine, dans l'Inde, à la Réunion, à Mayotte et à Nossi-Bé, ainsi qu'à Sainte-Marie de Madagascar, passe par le canal de Suez, les avances sont réduites à trois mois.

3. Les dispositions qui précèdent sont applicables aux officiers expédiés de France pour aller prendre le commandement d'un bâtiment en cours de campagne et, en ce qui concerne la solde, aux officiers aspirants et assimilés recevant une destination outre-mer.

[1] *Article 181.* — Les allocations de frais de passage doivent être mandatées au nom des conseils d'administration ou des capitaines comptables. (Circulaire du 13 octobre 1876.)

[2] *Avances.— Imputation.*— La totalité des avances de solde et de traitement de table est imputée sur les crédits de l'exercice pendant lequel a lieu le payement. (Circulaire du 30 octobre 1871, *B. O.*, p. 345.)

[3] *Article 182.*— Rien ne s'oppose à ce que l'officier touche ses avances dans le lieu où il est en service, s'il se rend directement au port d'embarquement ou s'il n'y arrive qu'au mome du départ du bâtiment. (Circulaire du 28 février 1876, *B. O.*, p. 309.)

4. Les avances de traitement de table sont payées à raison de l'effectif des officiers au moment du départ.

5. Lorsqu'une retenue d'office pour aliments doit être exercée sur la solde d'un officier, aspirant ou assimilé, le montant de cette retenue est prélevé sur le chiffre des avances de solde mentionné au présent article.

ART. 183.

Avances à payer aux officiers, fonctionnaires et agents allant servir aux colonies ou passant d'une colonie dans une autre colonie.

1. Des officiers, fonctionnaires et agents destinés à aller servir aux colonies, embarqués comme passagers, reçoivent, au moment de leur embarquement, des avances de solde sur le pied d'Europe à raison de leur destination, savoir :

Trois mois pour les colonies situées au delà du cap Horn et du cap de Bonne-Espérance;

Deux mois pour les colonies d'Amérique;

Un mois pour Terre-Neuve et les établissements de la côte occidentale d'Afrique.

2. Lorsque le bâtiment transite par l'isthme de Suez, le montant des avances est réduit à deux mois.

3. La quotité des avances de solde à payer aux officiers, fonctionnaires et agents passant d'une colonie dans une autre colonie est déterminée par le gouverneur ou le commandant de colonie à raison de la durée présumée de la traversée.

4. Il n'est pas dû d'avances de solde aux officiers, fonctionnaires et agents du cadre colonial, lorsque à l'expiration d'un congé passé en France ils rejoignent la colonie d'où ils provenaient. Il ne peut, dans ce cas, leur en être accordé qu'à titre exceptionnel et par décision spéciale du Ministre de la marine rendue sur un rapport motivé. Quant à ceux qui, pendant leur séjour en France, reçoivent un changement de destination, ils ont droit aux avances réglementaires déterminées pour la colonie dans laquelle ils ont ordre de se rendre.

5. Les dispositions prévues dans l'article précédent pour les retenues d'office à titre d'aliments sont également applicables aux officiers, fonctionnaires et agents du service colonial.

ART. 184.

Avances de traitement de table à l'armement.

1. Au moment de la sortie du port de tout bâtiment, il est payé à chacune des tables de bord quinze jours d'avances spéciales de traitement de table, sur le pied de l'effectif réglementaire.

2. Le montant de cette avance est imputé par moitié dans le décompte des sommes acquises pendant les deux mois suivants, ou en totalité, dans le décompte des avances à payer conformément aux dispositions de l'article 182.

3. A l'égard des bâtiments armés pour essais, la quotité des avances de

traitement de table est déterminée par le vice-amiral commandant en chef, préfet maritime, dans la limite d'un mois, et en raison de la durée présumée des essais.

ART. 185.

Complément d'avances en cas de sursis au départ.

Si le départ du bâtiment est retardé pendant plus de quinze jours, ou s'il relâche dans un port de France, les avances de solde et de traitement de table déjà payées sont complétées, jusqu'à concurrence de la quotité déterminée, à raison de la destination.

ART. 186 [1].

Interdiction de payement jusqu'à l'acquittement des avances de solde. Acompte aux diverses tables jusqu'à l'acquittement des avances du traitement de table.

1. Il n'est fait aucun nouveau payement de solde pendant la campagne, jusqu'au moment où les avances se trouvent complètement acquises, sauf le cas prévu par l'article 185.

2. Jusqu'à ce que les avances de traitement de table soient complètement acquises, il ne peut être payé d'acompte aux diverses tables de bord que dans la limite de la moitié des sommes acquises depuis le jour du départ de France.

3. Cette disposition n'est pas applicable aux officiers commandants passagers qui ont reçu des avances de traitement de table avant leur départ de France. Ils ne peuvent recevoir d'acompte qu'à partir du jour où, étant arrivés à destination, ils ont pris effectivement possession de leur commandement.

ART. 187.

Réduction des avances en cas de retour immédiat.

Les avances déterminées par l'article 182 sont réduites d'un tiers à l'égard des bâtiments qui, d'après les ordres donnés par le Ministre, doivent effectuer leur retour immédiatement après leur arrivée à destination.

ART. 188.

Reprise des avances de solde.

Lorsqu'un officier, aspirant ou assimilé est débarqué avant d'avoir acquis la totalité des sommes qui lui ont été payées à titre d'avances de solde, la portion non acquise est précomptée par tiers sur sa solde courante, sans qu'il puisse prétendre à aucune indemnité ou dégrèvement.

ART. 189.

Reprise des avances de traitement de table.

1. Le précompte des sommes avancées pour traitement de table, en vertu des dispositions de l'article 184, s'opère sur les premiers décomptes des sommes revenant à chaque table, et subsidiairement sur la solde et sur les accessoires de solde acquis par les officiers, aspirants ou assimilés.

[1] Article 186. Reprise des avances de solde aux officiers, fonctionnaires ou assimilés débarqués aux colonies. (Circulaire du 3 avril 1879. *B. O.* p. 766.)

2. A l'égard de la table de l'état-major et de la table dite des aspirants, le précompte des sommes avancées, sans atténuation pour le cas de débarquement individuel ou de décès, s'opère sur les décomptes collectifs de chaque table.

3. En cas de désarmement avant que les avances soient acquises, la reprise en est opérée, par égales portions, sur la solde des officiers présents à bord au moment de la notification de l'ordre de désarmement.

ART. 190.

Dégrèvements.

En cas de décès de l'officier, aspirant, fonctionnaire ou agent, il n'est exercé, à raison des sommes dont il serait resté personnellement débiteur envers l'État, pour avances de solde ou de traitement de table, aucun recours contre ses héritiers ni sur la succession, alors même que la liquidation de cette succession serait confiée à l'administration de la marine.

Les reprises à opérer ne peuvent porter que sur les décomptes de solde, d'accessoires de solde ou de traitement de table, dont le payement n'aurait pas encore été effectué par le Trésor public.

ART. 191.

Missions suspendues ou révoquées, naufrages et accidents de mer.

1. Dans le cas où, après le payement des avances de traitement de table, la mission qui devait y donner lieu est suspendue ou révoquée par le Ministre de la marine, il peut être accordé un dégrèvement aux parties intéressées à titre d'indemnité.

2. La quotité du dégrèvement est fixée par décision du Ministre, rendue sur l'avis du Conseil d'administration de la marine dans le port qui compte de la dépense du bâtiment, conformément à la disposition de l'article 111 (§ 2) de l'ordonnance du 14 juin 1844 [1]. Dans aucun cas, le dégrèvement ne peut excéder la moitié des avances réglementaires.

3. Les dispositions qui précèdent sont applicables aux cas de dégrèvement par suite de naufrages ou d'accidents de mer, sauf en ce qui concerne la réserve mentionnée au présent article relativement à la quotité du dégrèvement.

TITRE IV.

Frais de passage.

ART. 192.

Indemnités allouées aux officiers généraux et aux officiers commandants pour les passagers admis à leur table.

Les indemnités à allouer aux officiers généraux et aux officiers commandants pour la nourriture des passagers admis à leur table sont fixées conformément au tarif n° 39 annexé au présent décret.

[1] Le Conseil d'administration donne son avis sur l'indemnité à allouer, en raison des dépenses qu'ils ont faites, aux officiers chargés d'une mission suspendue ou révoquée par le Ministre de la marine.

ART. 193.

1. Les indemnités à payer aux tables des états-majors et des aspirants pour chacun des passagers qui doivent y être nourris sont égales au traitement de table fixé pour chacun des officiers, aspirants ou assimilés composant la table.

Indemnités à payer aux tables des états-majors et des aspirants pour les passagers admis à ces tables.

2. Cette indemnité est augmentée de moitié pour tout passager dont la présence à bord n'a pas excédé huit jours.

ART. 194.

Lorsque des passagers qui, conformément aux règles établies, devraient être admis à la table des aspirants, sont embarqués sur des bâtiments de l'État où cette table n'existe pas, ils sont admis comme passagers à la table de l'état-major.

Passagers à la table des aspirants admis à la table de l'état-major sur les bâtiments où la table des aspirants n'existe pas.

ART. 195.

1. Il est alloué à l'officier général ou à l'officier commandant une indemnité spéciale par journée de présence à bord pour chaque domestique des passagers placés à leur table dans les limites ci-après déterminées :

Indemnités accordées pour la nourriture des domestiques des passagers.

Gouverneurs des colonies et officiers généraux commandant à la mer. 3

Commandant d'un établissement colonial ou officier supérieur commandant un bâtiment de l'État.......................... 2

Officier général ou supérieur n'exerçant pas un commandement, ou fonctionnaire assimilé.................................... 1

Officier inférieur commandant un bâtiment de l'État............ 1

Aumônier du service de la flotte............................... 1

2. Moyennant cette indemnité, qui est fixée par le tarif n° 39, l'officier général ou l'officier commandant est tenu de nourrir à son office les domestiques des passagers. Elle n'est allouée que pour le nombre de domestiques réellement transportés.

ART. 196.

1. Il est payé par acompte, sur les frais de passage, des avances dont la quotité est réglée comme suit, selon la destination des passsagers :

Avances à payer sur les frais de passage.

Pour Terre-Neuve.................................. 10 jours.

Pour les ports d'Amérique entre l'embouchure du fleuve Saint-Laurent et celle du fleuve des Amazones............. 15 —

Pour les ports de la côte orientale d'Amérique au sud de l'embouchure du fleuve des Amazones et le golfe de Guinée.. 25 —

Pour le Sénégal.................................... 10 —

Pour la Réunion, Mayotte et les côtes de Madagascar.......... { Par la voie de Suez..... 20 —
{ Par le Cap............. 45 —

Pour les côtes occidentales d'Amérique................. 60 —

Pour les ports de la mer des Indes, des mers de Chine et du Japon.	Par la voie de Suez.....	30	jours.
	Par le Cap...........	60	—
Pour la Cochinchine........	Par la voie de Suez....	25	—
	Par le Cap...........	60	—
Pour l'Océanie et la Nouvelle-Calédonie................		80	—

2. Le montant de ces avances est augmenté d'un tiers pour les bâtiments à voiles.

3. Pour toutes les destinations non prévues par le présent article, la quotité des avances est déterminée par le Ministre de la marine.

4. En cas de décès ou de débarquement d'un passager avant la fin de la traversée, les avances payées dans la limite indiquée par le présent article ne donnent lieu à aucune reprise.

ART. 197.

Passagers annoncés et non embarqués. Passagers manquant le départ du bâtiment.

1. Lorsqu'un bâtiment part sans avoir reçu le nombre de passagers officiellement annoncés à l'avance comme devant être placés à la table de l'officier général ou de l'officier commandant, à celle de l'état-major ou à celle des aspirants, il peut être alloué pour chaque passager manquant une indemnité dont la quotité est déterminée par le Ministre de la marine, sur l'avis du Conseil d'administration du port qui compte de la dépense du bâtiment, conformément aux dispositions de l'article 111 (§ 2) de l'ordonnance du 14 juin 1844 [1].

2. La dépense de cette indemnité est supportée par le département ministériel au service duquel appartiennent les passagers, si leur départ a été contremandé ou s'ils ne se sont pas rendus à bord à l'époque indiquée pour le départ du bâtiment. Elle reste à la charge du budget de la marine si le bâtiment part avant l'époque indiquée pour l'embarquement des passagers ou si la destination du bâtiment a été changée.

3. Les officiers, fonctionnaires et agents de la marine qui, par leur faute, manquent le départ du bâtiment, sont tenus au remboursement de l'indemnité accordée par le Ministre à la table à laquelle ils devaient être admis.

TITRE V.

Indemnités pour effets d'habillement à divers agents.

ART. 198.

Nomenclature des agents ayant droit à cette indemnité.

1. Les agents du gardiennage,

Les marins vétérans,

Les pompiers,

Et le personnel de surveillance des prisons maritimes reçoivent une première mise d'habillement, et pour le renouvellement et l'entret en de

[1] Voir le nota de l'article 191.

leurs effets une allocation dont les quotités sont déterminées par le tarif n° 43 annexé au présent décret.

2. Les effets d'habillement de ces agents sont confectionnés d'après les modèles et devis qui ont été arrêtés par le Ministre de la marine.

ART. 199.

Délivrance des effets d'habillement dans les ports militaires.

1. Dans les ports militaires, les effets sont délivrés par la division des équipages de la flotte.

2. Ceux de première mise sont remboursés immédiatement au moyen de l'indemnité allouée aux agents lors de leur nomination ou de leur promotion à un emploi plus élevé.

3. Ceux de renouvellement font l'objet d'un versement au Trésor public ou d'une retenue fixée à quinze centimes par jour jusqu'à extinction de la dette à l'habillement.

ART. 200.

Habillement des agents dans les ports secondaires et dans les établissements hors des ports.

1. Dans les ports secondaires et dans les établissements de la marine hors des ports, l'habillement des agents du gardiennage est assuré par un marché passé dans la localité.

2. L'administration qui procède à la passation de ce traité veille avec soin à ce que les agents nouvellement promus ou nommés acquittent immédiatement le prix de leurs effets au moyen de l'indemnité qui leur est allouée et à ce que les effets de renouvellement soient payés par versements mensuels dont elle déterminera la quotité.

ART. 201.

Décompte de l'indemnité d'habillement.

Le décompte de l'indemnité d'habillement est fait mensuellement en même temps que celui de la solde.

ART. 202.

Agent renvoyé du service pour inconduite ou sujet de mécontentement.

Tout agent renvoyé du service pour inconduite ou sujet de mécontentement quelconque pendant la première année de son admission, subit sur la solde une retenue égale à la moitié de la première mise d'habillement.

ART. 203.

Revues trimestrielles des agents.

Le commissaire aux revues, le commissaire aux travaux, le commissaire aux hôpitaux ou l'agent administratif, suivant le cas, constate par des revues trimestrielles que les agents désignés à l'article 198 ci-dessus sont en uniforme et qu'ils possèdent tous les effets dont ils doivent être pourvus réglementairement. Il signale au commissaire général, au chef de service ou au directeur de l'établissement, les agents dont la tenue ne serait pas complète, et il propose de faire subir à ces agents une retenue de solde dont le montant est applicable au payement des effets d'habillement.

TITRE VI.

Retenues sur la solde.

CHAPITRE PREMIER

Retenues au profit de la Caisse des Invalides de la marine.

ART. 204.

Retenues au profit de la Caisse des Invalides de la marine.

1. Les officiers, aspirants, fonctionnaires et agents supportent, sur le montant des allocations qui leur sont attribuées par les tarifs annexés au présent décret, une retenue de 3 p. o/o au profit de la Caisse des Invalides de la marine [1].

2. Cette retenue s'opère, tant sur la portion desdites allocations qui est payée directement à l'officier, aspirant, fonctionnaire ou agent, que sur la portion qui peut être payée à des tiers pour son compte.

3. Les officiers autorisés à seconder des entreprises industrielles supportent la même retenue sur toutes les allocations qui leur sont accordées par l'industrie privée.

4. Les fonctionnaires ou agents des autres départements ministériels détachés au service de la marine, mais dont la pension de retraite ne doit pas incomber plus tard à la charge de l'établissement des Invalides de la marine, subissent au profit du Trésor public, sur leur solde de grade ou sur leur traitement personnel sur le pied d'Europe, les retenues fixées par les tarifs et règlements des ministères auxquels ils appartiennent. Les autres allocations (suppléments de solde, indemnités, etc.) qui leur sont payées en dehors de leur solde d'emploi, en vertu des tarifs spéciaux à la marine subissent le prélèvement des 3 p. o/o au profit de l'établissement des Invalides de la marine.

5. Les fonctionnaires et agents des services civils aux colonies qui ont une parité d'office dans les services métropolitains (loi du 18 avril 1831, art. 24) [2], et qui sont retraités par la Caisse des Invalides de la marine sur les bases de la loi du 9 juin 1853 [3] concernant les pensions civiles,

[1] Cette retenue a été portée à 5 p. o/o pour certaines allocations dont le détail est indiqué dans la circulaire du 22 août 1879. (B. O. p. 291.)

[2] *Loi du 18 avril 1831, art. 24.* — La pension des magistrats et autres fonctionnaires civils de l'ordre judiciaire attachés au service des colonies est, à parité d'offices, réglée sur les mêmes bases et fixée au même taux que celle des magistrats employés en France, sauf les bénéfices résultant des articles 1er, 4 et 7 pour les individus envoyés d'Europe.

La même règle d'assimilation s'applique aux fonctionnaires civils des colonies autres que ceux qui sont compris dans l'organisation du département de la marine en France, pourvu que ces fonctionnaires soient rétribués sur les deniers publics.

[3] *Loi du 9 juin 1853, art. 3.* — Les fonctionnaires et employés directement rétribués par l'État et nommés à partir du 1er janvier 1854, ont droit à pension conformément aux dispositions de la présente loi et supportent indistinctement, sans pouvoir les répéter dans aucun cas, les retenues ci-après :

1° Une retenue de 5 o/o sur les sommes payées à titre de traitement fixe ou éventuel, de

subissent, au profit de la Caisse des Invalides de la marine, les diverses retenues prévues par ladite loi.

6. Ces retenues portent sur la portion du traitement qui sert de base à la liquidation de leur pension de retraite d'après l'assimilation prévue par le décret du 17 janvier 1863. Toutes les autres allocations sont passibles de la retenue de 3 p. o/o.

7. Les agents du service colonial non compris dans les catégories spécifiées ci-dessus subissent la retenue de 3 p. o/o au profit de la Caisse des Invalides de la marine sur toutes leurs allocations.

8. Les retenues exercées, en cas de congé, sur la solde des officiers, aspirants, fonctionnaires ou agents, ainsi que l'indemnité de logement des capitaines de vaisseau et des capitaines de frégate en résidence libre, sont versées à la Caisse des Invalides de la marine.

9. La solde et l'indemnité de logement ou le traitement des officiers, aspirants, fonctionnaires ou agents en congé ou en prolongation de congé sans solde sont également versés à la Caisse des Invalides de la marine, lorsque les titulaires sont maintenus dans le cadre du corps auquel ils appartiennent.

10. Pour les officiers et autres du service colonial, la retenue mentionnée dans les deux paragraphes précédents ne porte que sur la solde ou le traitement d'Europe.

11. Les retenues déterminées par les paragraphes 8 et 9 du présent article donnent lieu à la formation d'états semestriels qui sont adressés au Ministre, en double expédition, dans le courant du mois de janvier et de juillet de chaque année.

CHAPITRE II.

Retenues au profit des tiers ou du Trésor public.

Art. 205.

Retenue pour aliments.

1. Le Ministre de la marine peut prescrire sur la solde des officiers, aspirants, fonctionnaires ou agents, une retenue pour aliments dans les cas déterminés par les articles 203, 205, et 214 du Code civil [1].

préciput, de supplément de traitement, de remises proportionnelles, de salaires ou constituant, à tout autre titre, un émolument personnel;

2° Une retenue du douzième des mêmes rétributions lors de la première nomination ou dans le cas de réintégration, et du douzième de toute augmentation ultérieure;

3° Les retenues pour cause de congés et d'absence, ou par mesure disciplinaire.

[1] Art. 203 du Code civil. — Les époux contractent ensemble, par le fait seul du mariage, l'obligation de nourrir, entretenir et élever leurs enfants.

Art. 205. — Les enfants doivent des aliments à leurs père et mère et autres ascendants qui sont dans le besoin.

Art. 214. — La femme est obligée d'habiter avec le mari et de le suivre partout où il juge à propos de résider. Le mari est obligé de la recevoir et de lui fournir tout ce qui lui est nécessaire pour les besoins de la vie, selon ses facultés et son état.

2. Cette retenue est indépendante de toute autre que l'officier, aspirant, fonctionnaire ou agent peut déjà subir pour quelque cause que ce soit.

3. En cas de décès de la personne secourue, sa succession a droit aux sommes qui auraient pu être retenues sur la solde de l'officier, fonctionnaire ou agent jusqu'au jour du décès de cette personne. Le surplus fait retour à l'officier, fonctionnaire ou agent qui subissait la retenue.

Art. 206.

Retenues pour dettes.

Les retenues pour dettes contractées par les officiers, fonctionnaires ou agents ont lieu en vertu d'oppositions judiciaires. Le Ministre de la marine peut en ordonner d'office lorsqu'il le juge nécessaire. Les gouverneurs dans les colonies et les commandants en chef peuvent également, et pour les mêmes causes, ordonner d'office des retenues sur les appointements des officiers, aspirants, fonctionnaires ou agents; ils en rendent compte immédiatement au Ministre.

Art. 207.

Saisies-arrêts ou oppositions.

1. Les saisies-arrêts ou oppositions sur la solde des officiers, aspirants, fonctionnaires ou agents doivent être faites entre les mains des payeurs, agents ou préposés sur la caisse desquels les ordonnances ou mandats de payement sont délivrés.

2. Néanmoins, à Paris, et pour tous les payements à effectuer à la caisse du payeur central du Trésor public, elles doivent être exclusivement faites entre les mains du conservateur des oppositions au Ministère des finances.

3. Les sommes provenant des retenues opérées par les payeurs sont distribuées aux opposants suivant les formes prescrites par le Code de procédure civile.

Art. 208.

Quotité des retenues.

1. Les retenues à exercer pour sommes à rembourser, soit au Trésor public, soit à des tiers, ne peuvent excéder le cinquième de la solde brute des officiers, aspirants et employés du département de la marine en activité ou des officiers en non-activité, à moins de décisions contraires du Ministre de la marine.

2. Les traitements des fonctionnaires et employés civils sont saisissables dans les proportions prévues par la loi du 21 ventôse an IX [1].

3. En cas de débarquement après avances reçues et non acquises, cette retenue est fixée au tiers de la solde, à moins de décisions spéciales du

[1] *Loi du 21 ventôse an IX.*—Les traitements des fonctionnaires et employés civils sont saisissables jusqu'à concurrence du cinquième sur les premiers mille francs et toutes les sommes au dessous; du quart sur les cinq mille francs suivants, et du tiers sur la portion excédant six mille francs, à quelque somme qu'elle s'élève, et ce jusqu'à l'entier acquittement des créances.

Ministre et, en cas de nouvelles avances avant libération complète, le restant dû est déduit du montant de ces avances.

4. Les retenues déterminées par le présent article sont indépendantes de celles que l'officier, aspirant, fonctionnaire ou agent peut déjà subir pour aliments, ainsi que l'indique l'article 205 ci-dessus.

5. Les retenues à exercer par précompte sur la solde de réforme des officiers, soit pour aliments, soit pour débet envers l'État, n'ont lieu qu'en vertu d'une décision du Ministre de la marine. Les retenues pour aliments peuvent être opérées simultanément avec les retenues pour débet envers l'État.

ART. 209.

Avis de dettes.

1. Les dettes envers l'État sont signalées par des avis en double expédition établis par les commissaires aux revues ou aux armements. Toutefois, elles peuvent être reprises dans les conditions de l'article 208, d'après les indications des livrets de solde ou des situations financières dont les intéressés sont porteurs, si d'ailleurs ils n'en contestent pas la légitimité.

2. Lorsqu'une reprise a lieu sans la production d'un avis de dette, le fonctionnaire qui opère la retenue informe l'administration du port ou de la colonie qui tenait le débiteur au courant de sa solde et provoque un avis confirmatif ou rectificatif du chiffre de la dette.

TITRE VII.

Attributions et obligations du commissariat de la marine relativement aux dépenses de la solde et des accessoires de la solde.

ART. 210.

Constatation des droits des parties prenantes.

1. Les positions des officiers, aspirants, fonctionnaires et agents et les droits qui en dérivent sous le rapport des allocations de solde, d'accessoires de la solde et de traitement de table, sont constatés par les fonctionnaires du corps du commissariat de la marine.

2. Chaque mois, aux jours fixés, les officiers, aspirants, fonctionnaires et agents en service à terre, à l'exception des officiers généraux et des chefs de service, se présentent au détail des revues, soit pour signer un état d'émargement, soit pour retirer leur mandat de payement individuel. En cas de départ avant la fin du mois, ils doivent se présenter au commissaire aux revues au moment de l'arrêté de leur décompte de solde.

3. Cette disposition n'est pas applicable aux officiers, aspirants, fonctionnaires et agents embarqués ou attachés aux équipages de la flotte, dont la présence est constatée sur revues, d'après des règles spéciales.

4. Lorsqu'un officier, fonctionnaire ou agent est envoyé en mission, l'ordre dont il est porteur doit être visé par le commissaire aux revues ou

par le fonctionnaire qui en remplit les fonctions, tant au moment du départ qu'à celui du retour, à l'effet de constater le temps de l'absence.

ART. 211.

Réclamations. A qui adressées.

1. Les officiers, aspirants, fonctionnaires et agents qui ont des réclamations à former pour solde, accessoires de solde, traitement de table, etc., sont tenus de s'adresser aux commissaires aux revues ou aux armements, suivant le cas.

2. Si le fonctionnaire compétent ne juge pas qu'il y ait lieu de satisfaire à la demande du réclamant, celui-ci doit la lui adresser par écrit.

3. Cette demande, émargée du refus motivé, est renvoyée à l'intéressé, qui peut recourir au commissaire général de la marine.

4. Les officiers, aspirants, fonctionnaires et agents peuvent toujours recourir par la voie hiérarchique [1] au Ministre de la marine relativement à l'objet de leurs réclamations, mais en joignant à leurs demandes les réponses qu'ils auront précédemment reçues, en conformité du troisième paragraphe du présent article.

ART. 212.

Responsabilité des officiers du commissariat.

1. Les officiers du commissariat de la marine sont responsables de tout payement de solde ou accessoires de solde et de traitement de table qu'ils auront autorisé, au profit des officiers, aspirants, fonctionnaires ou agents, contrairement aux lois, ordonnances, décrets et règlements.

2. Toutefois, les parties intéressées demeurent passibles de la retenue de ce qu'elles ont indûment touché. C'est à leur défaut seulement que les officiers du commissariat peuvent être constitués responsables. La responsabilité du fait s'attache d'abord au liquidateur de la dépense; mais si l'ordonnateur, préalablement consulté, a donné une solution expresse, c'est par lui seul que doivent être supportées les conséquences de sa détermination.

3. Dans aucun cas, les officiers du commissariat de la marine ne peuvent être constitués pécuniairement responsables qu'en vertu d'une décision du Ministre de la marine.

ART. 213.

Attributions en matière de solde dans les établissements de la marine hors des ports.

Les dispositions contenues dans les articles 210, 211 et 212 sont applicables aux agents administratifs des directions de travaux et aux directeurs

[1] *Décret du 28 mai 1868, article 46.* — Mode de s'adresser par écrit aux supérieurs. Tout écrit officiel, si ce n'est dans les cas prévus par les règlements spéciaux, adressé au Ministre de la marine ou au commandant en chef par une personne embarquée, doit être remis ouvert au capitaine du bâtiment. Celui-ci prend connaissance de cette pièce et la transmet sans délai au commandant en chef, en y joignant, s'il le juge à propos, ses propres observations. Si l'écrit est adressé au Ministre, le commandant en chef peut surseoir à le transmettre; dans ce cas, il en informe l'auteur de l'écrit. Si, après un délai qui ne peut excéder quinze jours, celui-ci persiste dans sa première détermination, le commandant en chef adresse la pièce au Ministre, en y joignant ses propres observations.

des établissements de la marine hors des ports, qui exercent à l'égard du personnel attaché à ces établissements, les attributions dévolues dans les ports au commissaire aux revues et au commissaire général de la marine.

ART. 214.

Les attributions et les obligations dévolues aux officiers du commissariat par les articles 210, 211 et 212 du présent décret sont exercées dans les colonies, en ce qui concerne les fonctionnaires et agents du service local, par les chefs de bureau de l'administration intérieure des colonies, dont relèvent les services auxquels ces fonctionnaires ou agents sont affectés.

Mêmes attributions en ce qui concerne les fonctionnaires et agents appartenant à l'administration intérieure des colonies.

ART. 215.

Les dispositions du présent décret sont applicables :

Désignation du personnel régi par le présent décret.

1° Aux officiers, aspirants, fonctionnaires et agents des divers services du département de la marine et des colonies, à l'exception de ceux qui font partie de l'administration centrale;

2° Aux agents divers à la nomination des vice-amiraux commandant en chef, préfets maritimes, des autorités coloniales, des chefs de service dans les ports secondaires et des directeurs des établissements hors des ports.

ART. 216.

La solde et les accessoires de la solde des officiers et employés militaires appartenant aux corps de troupe de la marine, ainsi qu'à la gendarmerie maritime, continuent d'être régis par des règlements spéciaux.

Officiers et employés militaires des corps de troupe de la marine.

ART. 217.

Sont et demeurent abrogées toutes dispositions contraires au présent décret, qui sera mis à exécution à partir du 1er août 1875.

Abrogation des dispositions antérieures et mise en vigueur du présent décret.

ART. 218.

Le Ministre de la marine et des colonies est chargé de l'exécution du présent décret, qui sera inséré au *Bulletin des lois* et au *Bulletin officiel de la marine.*

Exécution et insertion du présent décret.

Fait à Versailles le 1er juin 1875.

Signé : Mal DE MAC MAHON,
DUC DE MAGENTA.

Par le Président de la République,

Le Ministre de la Marine et des Colonies,

Signé : MONTAIGNAC.

TABLE DES MATIÈRES.

NUMÉROS des articles.	
	§ 3. Frais de service attribués aux commissaires et administrateurs de l'inscription maritime.
108	Droit à l'indemnité de frais de service allouée aux commissaires et administrateurs de l'inscription maritime.
	§ 4. Indemnité spéciale pour mission hydrographique.
109	Droit à l'indemnité spéciale pour mission hydrographique.
	§. 5. Indemnité de responsabilité aux comptables des matières chargés d'un service et suppléments aux agents placés sous leurs ordres.
110	Droit à l'indemnité de responsabilité allouée aux comptables des matières; durée de la gestion.
111	Date à partir de laquelle cette indemnité est payée.
112	Comptables dispensés de fournir le cautionnement réglementaire.
113	Mode de payement de l'indemnité de responsabilité des comptables.
114	Époques de payement de cette indemnité pour les agents placés sous les ordres des comptables.
115	Comptable cessant ses fonctions dans le courant d'une année.
116	Suppléments alloués aux agents du service de la comptabilité.
117	Pièces à produire pour le payement des indemnités de responsabilité allouées aux comptables chargés d'un service et pour le payement des suppléments aux agents placés sous leurs ordres.
	§. 6. Indemnités pour frais de bureau.
118	Abonnement alloué à titre de frais de bureau.
119	Tarifs applicables au service à terre et au service à la mer.
120	Répartition, entre les divers services, du montant des frais de bureau alloués, à titre d'abonnement, dans les ports maritimes.
121	Répartition de la même indemnité dans les ports secondaires et dans les établissements de la marine hors des ports.
122	Les indemnités pour frais de bureau sont allouées au titulaire de la fonction.
123	Les indemnités accordées à titre personnel sont dues dans les positions donnant droit à la solde de présence, excepté dans le cas de congé à solde entière.
124	Mode de décompter l'indemnité pour frais de bureau.
125	Fournitures que comprend l'indemnité pour frais de bureau; format des papiers, registres, etc.
126	Fournitures de bureau délivrées en nature à diverses écoles; instruments de mathématiques, livres et prix de fin d'année.
127	Papiers, instruments, etc., qui ne sont pas considérés comme fournitures de bureau.
	§ 7. Indemnités pour pertes d'effets et de matériel de table.
128	Pertes d'effets.
129	Passagers sur les bâtiments de l'État ou les navires du commerce.
130	Perte de matériel de table.
131	Mode d'allocation de l'indemnité pour perte d'effets ou de matériel de table.
132	Justification des pertes.
133	Délai dans lequel elle doit être produite.
134	Acompte à payer en cas d'urgence.

NUMÉROS des articles.	
	§ 8. *Frais de premier établissement des gouverneurs, des commandants de colonie et des évêques.*
135	Frais de premier établissement des gouverneurs, des commandants de colonie et des évêques.
	§ 9. *Indemnités de représentation.*
136	Durée de l'allocation attribuée à titre de frais de représentation.
137	Inspecteurs généraux.
138	Amiraux commandant à la mer.
	§ 10. *Indemnité représentative du chauffage et de l'éclairage.*
139	Mode de chauffage et d'éclairage des locaux occupés par les vice-amiraux commandant en chef, préfets maritimes, les chefs de service dans les ports secondaires, et les directeurs dans les établissements de la marine situés hors des ports.
140	Chauffage et éclairage des bureaux des services administratifs et de l'inscription maritime dans les ports secondaires.
141	Indemnité en argent allouée en remplacement du chauffage et de l'éclairage en nature à divers agents de la marine.
142	Mode de payement de l'indemnité de chauffage et d'éclairage.
	CHAPITRE IX.
	PRIVATION DE SOLDE.
143	Absence irrégulière.
144	Officier, aspirant, fonctionnaire ou agent arrivant après les délais fixés par sa feuille de route.
145	Fonctionnaires et agents du service métropolitain suspendus de leurs fonctions par mesure de discipline.
146	Fonctionnaires et agents du service colonial suspendus de leurs fonctions par mesure de discipline.
147	Autres cas entraînant privation de solde.
148	La privation de solde entraîne la privation d'une part proportionnelle des accessoires de la solde.
	TITRE II.
	TRAITEMENT DE TABLE.
	CHAPITRE PREMIER.
	TRAITEMENT DE TABLE DES COMMANDANTS D'ARMÉE, D'ESCADRE OU DE DIVISION NAVALE.
149	Amiral commandant une armée navale ou vice-amiral pourvu d'une commission d'amiral.
150	Officiers généraux pourvus d'un commandement à la mer et capitaines de vaisseau commandant des divisions navales.
151	Officiers supérieurs du commissariat, du génie maritime et du service de santé attachés aux états-majors généraux, aumôniers.

CHAPITRE II.

TRAITEMENT DE TABLE DES CAPITAINES DE BÂTIMENT.

CHAPITRE III.

TRAITEMENT DE TABLE DES OFFICIERS COMPOSANT LES ÉTATS-MAJORS ET TRAITEMENT DE TABLE DES ASPIRANTS.

CHAPITRE IV.

SUPPLÉMENT AU TRAITEMENT DE TABLE.

NUMÉROS des articles.	
	CHAPITRE V.
	DISPOSITIONS COMMUNES AU TRAITEMENT ATTRIBUÉ AUX DIFFÉRENTES TABLES.
174	Durée de l'allocation du traitement de table.
175	Bâtiments à vapeur faisant ses essais ou opérant la régulation de ses compas.
176	Bâtiments rentrant momentanément dans un port.
177	Bâtiments armés dans les ports de commerce.
178	Officiers, aspirants et assimilés absents du bâtiment.
179	Officiers généraux et commandants détachés en mission.
180	Bâtiments coupant le méridien du 180° degré.
181	Décompte du traitement de table.
	TITRE III.
	AVANCES DE SOLDE ET DE TRAITEMENT DE TABLE.
182	Avances de solde à payer aux officiers, aspirants ou assimilés embarqués. Avances de traitement de table aux différentes tables de bord.
183	Avances à payer aux officiers, fonctionnaires et agents allant servir aux colonies ou passant d'une colonie dans une autre colonie.
184	Avances de traitement de table à l'armement.
185	Complément d'avances en cas de sursis au départ.
186	Interdiction de payement jusqu'à l'acquittement complet des avances de solde. Acompte aux diverses tables jusqu'à l'acquittement des avances de traitement de table.
187	Réduction des avances en cas de retour immédiat.
188	Reprise des avances de solde.
189	Reprise des avances de traitement de table.
190	Dégrèvements.
191	Missions suspendues ou révoquées. Naufrages et accidents de mer.
	TITRE IV.
	FRAIS DE PASSAGE.
192	Indemnités allouées aux officiers généraux et aux officiers commandants pour les passagers admis à leur table.
193	Indemnité à payer aux tables des états majors et des aspirants pour les passagers admis à ces tables.
194	Passagers à la table des aspirants admis à la table de l'état-major sur les bâtiments où la table des aspirants n'existe pas.
195	Indemnités accordées pour la nourriture des domestiques des passagers.
196	Avances à payer sur les frais de passage.
197	Passagers annoncés et non embarqués. Passagers manquant le départ du bâtiment.
	TITRE V.
	INDEMNITÉS POUR EFFETS D'HABILLEMENT À DIVERS AGENTS.
198	Nomenclature des agents ayant droit à cette indemnité. Modèles et devis de confection des effets.
199	Délivrance des effets d'habillement dans les ports militaires.

TARIFS DE SOLDE.

LE MINISTRE DE LA MARINE ET DES COLONIES, *à Messieurs les Vice-Amiraux, commandant en chef, Préfets maritimes; Gouverneurs et Commandants de colonies; Officiers généraux, supérieurs et autres commandant à la mer; Commissaires généraux; Chefs du service de la marine; Directeurs des établissements hors des ports; Inspecteurs en chef et Inspecteurs des services administratifs et financiers de la marine et des colonies.*

(3e Direction : Services administratifs. — 3e bureau : Solde, habillement et revues.)

Paris, le 12 janvier 1880.

Envoi de nouveaux tarifs de la solde des officiers, aspirants, etc., des divers corps de la marine.

MESSIEURS, la loi du 21 décembre 1879 a accordé au Département de la marine et des colonies divers crédits demandés pour le relèvement de la solde des enseignes de vaisseau, aspirants et assimilés, et pour l'amélioration des traitements du personnel secondaire de la marine. Il a été par suite nécessaire de remanier les tarifs en vigueur au 31 décembre 1879.

Les nouveaux tarifs, qui ont reçu la sanction de M. le Président de la République, et que vous trouverez ci-joints, seront applicables à partir du 1er janvier 1880. Toutefois la nouvelle solde des enseignes de vaisseau, aspirants et assimilés leur est acquise à compter du 1er septembre 1879, puisqu'elle a été calculée en vue de leur tenir compte de l'augmentation de la retenue qu'ils subissent au profit de la Caisse des Invalides, par application des dispositions de l'article 13 de la loi du 5 août 1879 sur les pensions de l'armée de mer. Il y aura donc lieu de leur faire un rappel suivant les règles tracées par la circulaire du 11 avril 1878.

Je vous prie de prendre, chacun en ce qui vous concerne, les mesures nécessaires pour assurer l'exécution de ces dispositions.

Recevez, etc.

Le Ministre de la Marine et des Colonies,

Signé : JAURÉGUIBERRY.

Rapport au Président de la République française sur les nouveaux tarifs de solde des officiers, aspirants, fonctionnaires et agents de la marine

(Du 9 janvier 1880.)

Monsieur le Président,

La solde des officiers des différents corps de la marine a été améliorée par une décision présidentielle du 11 avril 1878.

Depuis cette époque, diverses lois de finances ont attribué au Département de la marine des crédits nécessaires à l'augmentation des traitements.

Ainsi, la loi du 12 avril 1879 a alloué un crédit supplémentaire destiné à l'arrondissement de la solde des officiers et assimilés.

D'autre part, la loi du 21 décembre 1879 a accordé des crédits importants dans le but d'accroître les traitements du personnel secondaire et de relever la solde des enseignes de vaisseau, aspirants et assimilés d'une quantité égale à l'augmentation de retenue qui résulte pour eux, à compter du 1er septembre 1879, de l'application des dispositions de l'article 13 de la loi du 5 août 1879 sur les pensions de l'armée de mer.

Enfin divers décrets ont apporté des changements dans l'organisation de certains corps de la marine.

Les nombreuses modifications résultant de ces dispositions ont rendu nécessaire l'impression de nouveaux tarifs applicables à compter du 1er janvier 1880, et que j'ai l'honneur de soumettre à votre approbation.

Je vous prie d'agréer, etc.

Le Ministre de la Marine et des Colonies,

Signé : JAURÉGUIBERRY.

Approuvé :

Le Président de la République française,

Signé : Jules GRÉVY.

TARIF N° 1.

PRÉFECTURES MARITIMES.

EMPLOIS.		TRAITEMENT passible de la retenue de 5 p. o/o au profit de la caisse des invalides de la marine.			FRAIS DE REPRÉSENTATION passibles de la retenue de 3 p. o/o au profit de la caisse des invalides de la marine.		
		Par an.	Par mois.	Par jour.	Par an.	Par mois.	Par jour.
		fr. c.	fr. c.	fr. c.	fr. c.	fr. c.	fr. c.
Vice-amiral commandant en chef préfet maritime à	Cherbourg	20,008 420	1,667 368	55 578	10,206 185	850 515	28 350
	Brest				10,206 185	850 515	28 350
	Lorient				6,810 309	567 525	18 917
	Rochefort				6,810 309	567 525	18 917
	Toulon				15,513 402	1,292 783	43 092

NOTA. — Les indemnités pour frais de bureau, de chauffage et de luminaire sont fixées par les tarifs n°s 45 et 51.

Les vice-amiraux, commandant en chef, préfets maritimes reçoivent à titre de frais de tournée une allocation fixée à 4,000 francs par an. (Loi de finances du budget de l'exercice 1876.)

TARIF N° 2.

OFFICIERS DE MARINE.

GRADES.	SOLDE DE PRÉSENCE (A). SOLDE À LA MER. SOLDE À LA MER proprement dite.			SOLDE D'ÉTAT-MAJOR GÉNÉRAL et d'officier en second.		
	Par an.	Par mois.	Par jour.	Par an.	Par mois.	Par jour.
	fr. c.	fr. c.	fr. c.	fr. c.	fr. c.	fr. c.
Amiral (B)	30,012 360	2,501 052	83 368	"	"	"
Vice-amiral	21,600 000	1,800 000	60 000	"	"	"
Contre-amiral	14,400 000	1,200 000	40 000	16,029 473	1,335 789	44 526
Capitaine de vaisseau	9,814 740	817 895	27 263	10,913 684	909 473	30 515
Capitaine de frégate	8,033 684	669 473	22 315	8,905 263	742 105	24 726
Lieutenant de vaisseau de 1re classe	4,168 421	347 368	11 578	4,623 158	385 263	12 842
Lieutenant de vaisseau de 2e classe	3,675 789	306 315	10 210	4,092 632	341 052	11 368
Enseigne de vaisseau	3,031 568	252 630	8 421	3,372 505	281 042	9 368
Aspirant de 1re classe	1,818 940	151 578	5 052	2,425 263	202 105	6 736
Aspirant de 2e classe	985 270	82 105	2 736	1,364 210	113 684	3 789
Volontaire	644 210	53 684	1 789	"	"	"
Supplément d'ancienneté aux lieutenants de vaisseau ayant douze ans de grade	530 526	44 210	1 473	530 526	44 210	1 413
CADRE DE RÉSERVE (C).						
Vice-amiral	"	"	"	"	"	"
Contre-amiral	"	"	"	"	"	"

NOTA. — Le supplément de résidence dans Paris est fixé par le tarif n° 30; les suppléments de solde et les frais de représentation sont fixés par les tarifs n°s 31, 32 et 33. — Les officiers des divers corps, voyageant en détachement avec la troupe ou par réquisition sur les chemins de fer, reçoivent la solde de grade à terre cumulativement avec l'indemnité de séjour déterminée par le décret du 12 janvier 1870.

(A) Toutes les allocations portées au tarif n° 2 sont passibles de la retenue de 5 p. o/o au profit de la Caisse des Invalides de la marine.

(B) Le traitement de 30,012 fr. 36 cent. est dû aux amiraux dans toutes les positions. Il se cumule, quand il y a lieu, avec le traitement de commandant en chef, lequel est déterminé par un décret (art. 149).

(C) Loi de finances du 2 août 1868.

TARIF N° 2.
(*Suite.*)

OFFICIERS DE MARINE.

GRADES.	SOLDE DE PRÉSENCE (A). À TERRE. EN EUROPE. Par an.			EN ALGÉRIE. Par an.			AUX COLONIES. Par an.		
	Par an.	Par mois.	Par jour.	Par an.	Par mois.	Par jour.	Par an.	Par mois.	Par jour.
	fr. c.	fr. c.	fr. c.	fr. c.	fr. c.	fr. c.	fr. c.	fr. c.	fr. c.
Amiral (B)	30,012 630	2,501 052	83 368	//	//	//	//	//	//
Vice-amiral	18,000 000	1,500 000	50 000	//	//	//	25,503 157	2,125 263	70 842
Contre-amiral	12,012 630	1,001 052	33 368	//	//	//	17,014 737	1,417 894	47 263
Capitaine de vaisseau	8,185 260	682 105	22 736	9,208 421	767 368	25 578	10,686 316	890 526	29 684
Capitaine de frégate	6,669 470	555 789	18 526	7,389 474	615 789	20 526	8,450 526	704 210	23 473
Lieutenant de vaisseau de 1re classe	3,486 320	290 526	9 684	4,092 632	341 052	11 368	5,343 157	445 263	14 842
Lieutenant de vaisseau de 2e classe	3,069 470	255 789	8 526	3,562 100	296 841	9 894	4,547 368	378 947	12 631
Enseigne de vaisseau	2,539 000	211 583	7 052	3,031 568	252 630	8 421	4,054 736	337 894	11 263
Aspirant de 1re classe	1,818 940	151 578	5 052	2,160 000	180 000	6 000	2,842 100	236 841	7 894
Aspirant de 2e classe	985 270	82 105	2 736	//	//	//	1,629 473	135 789	4 526
Volontaire	//	//	//	//	//	//	//	//	//
Supplément d'ancienneté aux lieutenants de vaisseau ayant douze années de grade	530 526	44 210	1 473	530 526	44 210	1 473	530 526	44 210	1 473
CADRE DE RÉSERVE (C).									
Vice-amiral	9,018 720	751 560	25 052	//	//	//	//	//	//
Contre-amiral	6,024 960	502 080	16 736	//	//	//	//	//	//

Voir les notes (A), (B), (C) de la page précédente.

TARIF N° 2.
(*Suite.*)

OFFICIERS DE MARINE.

GRADES.	SOLDE D'ABSENCE (A). EN CONGÉ. à 2/3.	EN CONGÉ. à 1/2.	EN CAPTIVITÉ.	EN NON-ACTIVITÉ SUR LE PIED D'EUROPE. Par suite d'infirmités temporaires, de licenciement de corps, de suppression d'emploi, etc.			Par suite de retrait ou de suspension d'emploi.			EN NON-ACTIVITÉ sur le pied colonial. Infirmités temporaires, etc.	Retrait d'emploi, etc.
	Par jour.	Par jour.	Par jour.	Par an.	Par mois.	Par jour.	Par an.	Par mois.	Par jour.	Par jour.	Par jour.
	fr. c.	fr. c.	fr. c.	fr. c.	fr. c.	fr. c.	fr. c.	fr. c.	fr. c.	fr. c.	fr. c.
Amiral (B)	//	//	//	//	//	//	//	//	//	//	//
Vice-amiral	//	//	30 000	10,800 000	900 000	30 000	8,640 000	720 000	24 000	35 421	28 336
Contre-Amiral	//	//	20 000	7,200 000	600 000	20 000	5,760 000	480 000	16 000	23 631	18 905
Capitaine de vaisseau	15 158	11 368	13 631	4,907 370	408 947	13 631	3,925 900	327 158	10 905	14 842	11 873
Capitaine de frégate	12 350	9 263	11 152	4,016 842	334 736	11 157	3,213 471	267 789	8 926	11 736	9 389
Lieutenant de vaisseau de 1re classe	6 456	4 842	5 789	1,837 884	153 157	5 105	1,470 315	122 526	4 084	6 315	5 052
Lieutenant de vaisseau de 2e classe	5 684	4 263	5 105								
Enseigne de vaisseau	4 701	3 526	4 210	1,818 940	151 578	5 052	1,212 627	101 052	3 368	6 757	4 505
Aspirant de 1re classe	3 368	2 526	2 526	1,091 364	90 947	3 031	727 576	60 631	2 021	4 736	3 157
Aspirant de 2e classe	//	1 368	1 368	//	//	//	//	//	//	//	//
Volontaire	//	//	0 894	//	//	//	//	//	//	//	//
Supplément aux lieutenants de vaisseau ayant douze années de grade	0 982	0 736	0 736	//	//	//	//	//	//	//	//
CADRE DE RÉSERVE (C).											
Vice-amiral	//	//	//	//	//	//	//	//	//	//	//
Contre-amiral	//	//	//	//	//	//	//	//	//	//	//

Voir les notes (A), (B), (C) de la page précédente.

MÉCANICIENS EN CHEF ET MÉCANICIENS PRINCIPAUX.

TARIF N° 3.

GRADES.	SOLDE DE PRÉSENCE (A).					
	SOLDE À LA MER.					
	Solde.			Complément de solde.		
	Par an.	Par mois.	Par jour.	Par an.	Par mois.	Par jour.
	fr. c.	fr. c.	fr. c.	fr. c.	fr. c.	fr. c.
Mécanicien en chef	6,745 263	562 105	18 736	//	//	//
Mécanicien principal de 1re classe	4,168 421	347 368	11 578	682 105	56 842	1 894
Mécanicien principal de 2e classe	3,031 568	252 630	8 421	1,098 895	91 574	3 052
Supplément aux mécaniciens principaux de 1re classe ayant douze années de grade	530 526	44 210	1 473	//	//	//

MÉCANICIENS EN CHEF ET MÉCANICIENS PRINCIPAUX.

TARIF N° 3.
(*Suite.*)

GRADES.	SOLDE DE PRÉSENCE (A).					
	SOLDE À TERRE en Europe.			SOLDE À TERRE en Algérie.		
	Par an.	Par mois.	Par jour.	Par an.	Par mois.	Par jour.
	fr. c.	f.. c.	fr. c.	fr. c.	fr. c.	fr. c.
Mécanicien en chef	5,608 420	467 365	15 578	6,328 421	527 368	17 578
Mécanicien principal de 1re classe	3,486 320	290 526	9 684	4,092 632	341 052	11 368
Mécanicien principal de 2e classe	2,539 000	211 583	7 052	3,031 568	252 630	8 421
Supplément aux mécaniciens principaux de 1re classe ayant douze années de grade	530 526	44 210	1 473	530 526	44 210	1 473

NOTA. — Le supplément de résidence dans Paris est fixé par le tarif n° 30. — Les suppléments de solde en raison de fonctions spéciales sont fixés par le tarif n° 32.

(A) Toutes les allocations portées au tarif n° 3 sont passibles de la retenue de 5 p. o/o au profit de la Caisse des Invalides de la marine.

TARIF N° 3.
(*Suite.*)

MÉCANICIENS EN CHEF ET MÉCANICIENS PRINCIPAUX.

GRADES.	SOLDE DE PRÉSENCE (A). Solde à terre aux colonies.			SOLDE D'ABSENCE (A) En congé.		En captivité.	
	Par an.	Par mois.	Par jour.	Congé à 2/3. — Par jour.	Congé à 1/2. — Par jour.	Solde par jour.	Complément par jour.
	fr. c.	fr. c.	fr. c.	fr. c.	fr. c.	fr. c.	fr. c.
Mécanicien en chef	7,389 473	615 789	20 536	10 385	7 789	9 368	"
Mécanicien principal de 1re classe	5,343 157	445 263	14 842	6 456	4 842	5 789	0f 947
Mécanicien principal de 2e classe	4,054 736	337 894	11 263	4 701	3 526	4 210	1 526
Supplément aux mécaniciens principaux de 1re classe ayant douze années de grade	530 526	44 210	1 473	0 982	0 736	0 736	"

TARIF N° 3.
(*Suite.*)

MÉCANICIENS EN CHEF ET MÉCANICIENS PRINCIPAUX.

GRADES.	SOLDE D'ABSENCE (A) En non-activité, par suite d'infirmités temporaires, de licenciement de corps, de suppression d'emploi, etc.			En non-activité, par suite de retrait ou de suspension d'emploi.		
	Par an.	Par mois.	Par jour.	Par an.	Par mois.	Par jour.
	fr. c.	fr. c.	fr. c.	fr. c.	fr. c.	fr. c.
Mécanicien en chef	3,372 631	281 052	9 368	2,698 105	224 842	7 494
Mécanicien principal de 1re classe	2,084 210	173 684	5 789	1,667 669	138 972	4 631
Mécanicien principal de 2e classe	1,818 940	151 578	5 052	1,212 627	101 052	3 368

TARIF N° 4.

CHEFS DE MUSIQUE DES ÉQUIPAGES DE LA FLOTTE.

GRADES.	SOLDE DE PRÉSENCE (A).					
	SOLDE À LA MER.			SOLDE À TERRE.		
	Par an.	Par mois.	Par jour.	Par an.	Par mois.	Par jour.
	fr. c.	fr. c.	fr. c.	fr. c.	fr. c.	fr. c.
Chef de musique des équipages de la flotte.	3,031 568	252 630	8 421	2,539 000	211 583	7 052

TARIF N° 4.
(*Suite.*)

CHEFS DE MUSIQUE DES ÉQUIPAGES DE LA FLOTTE.

GRADES.	SOLDE D'ABSENCE. (A)								
	EN CONGÉ.		EN CAPTIVITÉ.	EN NON-ACTIVITÉ.					
				Par suite d'infirmités temporaires, de licenciement de corps, de suppression d'emploi, etc.			Par suite de retrait ou de suspension d'emploi.		
	2/3 — Par jour.	1/2 — Par jour.	— Par jour.	Par an.	Par mois.	Par jour.	Par an.	Par mois.	Par jour.
	fr. c.	fr. c.	fr. c.	fr. c.	fr. c.	fr. c.	fr. c	fr. c.	fr. c.
Chef de musique des équipages de la flotte.	4 701	3 526	4 210	1,818 940	151 578	5 052	1,212 627	101 052	3 368

NOTA. — Après dix ans d'exercice des titulaires, la solde peut être augmentée du cinquième par décision du Président de la République. (Décision présidentielle du 5 mars 1872.)

(A) Toutes les allocations portées au tarif n° 4 sont passibles de la retenue de 5 p. o/o au profit de la Caisse des Invalides de la marine.

TARIF N° 5.

GENIE MARITIME.

GRADES.	SOLDE DE PRÉSENCE (A).											
	SOLDE À LA MER.											
	Solde à la mer proprement dite.						Solde d'état-major général.					
	Solde.			Complément de solde.			Solde.			Complément de solde.		
	Par an.	Par mois.	Par jour.	Par an.	Par mois.	Par jour.	Par an.	Par mois.	Par jour.	Par an.	Par mois.	Par jour.
	fr. c.	fr. c.	fr. c.	fr. c.	fr. c.	fr. c.	fr. c.	fr. c.	fr. c.	fr. c.	fr. c.	fr. c.
Inspecteur général	(B)	//	//	//	//	//	//	//	//	//	//	//
Directeur de 1re classe	//	//	//	//	//	//	//	//	//	//	//	//
Directeur de 2e classe	//	//	//	//	//	//	//	//	//	//	//	//
Ingénieur de 1re classe	9,814 740	817 895	27 263	//	//	//	10,913 684	909 473	30 515	//	//	//
Ingénieur de 2e classe	8,033 684	669 473	22 315	//	//	//	8,905 263	742 105	24 736	//	//	//
Sous-ingénieur de 1re classe	4,168 421	347 368	11 578	682 105	56 842	1 898	4,623 158	385 263	12 842	833 684	69 473	2 315
Sous-ingénieur de 2e classe	3,675 789	306 315	10 210	265 263	21 105	0 736	4,092 632	341 052	11 368	265 263	22 105	0 736
Sous-ingénieur de 3e classe	3,031 568	252 630	8 421	492 632	41 052	1 368	3,372 505	281 042	9 368	341 053	28 421	0 947
Élèves	//	//	//	//	//	//	//	//	//	//	//	//
Supplément aux sous ingénieurs de 1re et de 2e classe ayant douze années de grade	530 526	44 210	1 470	//	//	//	530 526	47 210	1 473	//	//	//

NOTA. — Le supplément de résidence dans Paris est fixé par le tarif n° 30 ; les suppléments en raison des fonctions spéciales sont fixés par le tarif n° 32.

(A) Toutes les allocations portées au tarif n° 5 sont passibles de la retenue de 5 o/o p. au profit de la Caisse des Invalides de la marine.

(B) Dans le cas d'embarquement ou de mission à la mer, les directeurs des constructions navales reçoivent la solde à la mer des commissaires généraux.

TARIF N° 5.
(*Suite.*)

GÉNIE MARITIME.

GRADES.	SOLDE DE PRÉSENCE (A)					
	SOLDE À TERRE. En Europe.					
	Solde.			Complément de solde.		
	Par an.	Par mois.	Par jour.	Par an.	Par mois.	Par jour.
	fr. c.	fr. c.	fr. c.	fr. c.	fr. c.	fr. c.
Inspecteur général	14,021 050	1,168 420	38 947	//	//	//
Directeur de 1re classe	12,012 630	1,001 052	33 368	//	//	//
Directeur de 2e classe	10,004 210	833 684	27 789	//	//	//
Ingénieur de 1re classe	8,185 260	682 105	22 736	//	//	//
Ingénieur de 2e classe	6,669 470	555 789	18 526	//	//	//
Sous-ingénieur de 1re classe	3,486 320	290 526	9 684	757 895	63 157	2 105
Sous-ingénieur de 2e classe	3,069 470	255 789	8 526	378 947	31 578	1 052
Sous-ingénieur de 3e classe	2,539 000	211 583	7 052	568 421	47 368	1 578
Élève	1,818 940	151 578	5 052	//	//	//
Supplément aux sous-ingénieurs de 1re et de 2e classe ayant douze années de grade	530 526	44 210	1 473	//	//	//

GÉNIE MARITIME.

Tarif n° 5.
(*Suite.*)

GRADES.	SOLDE DE PRÉSENCE (A). SOLDE À TERRE. En Algérie. Solde. Par an.	Par mois.	Par jour.	Complément de solde. Par an.	Par mois.	Par jour.	Aux colonies. Solde. Par an.	Par mois.	Par jour.	Complément de solde. Par an.	Par mois.	Par jour.
	fr. c.	fr. c.	fr. c.	fr. c.	fr. c.	fr. c.	fr. c.	fr. c.	fr. c.	fr. c.	fr. c.	fr. c.
Inspecteur général.	"	"	"	"	"	"	"	"	"	"	"	"
Directeur de 1re classe.	"	"	"	"	"	"	"	"	"	"	"	"
Directeur de 2e classe.	"	"	"	"	"	"	"	"	"	"	"	"
Ingénieur de 1re classe.	9,208 421	767 368	25 578	"	"	"	10,686 316	890 526	29 684	"	"	"
Ingénieur de 2e classe.	7,503 158	625 263	20 842	"	"	"	8,677 895	723 157	24 105	"	"	"
Sous-Ingénieur de 1re classe.	4,206 316	350 526	11 684	757 895	63 157	2 105	5,343 157	445 263	14 842	757 895	63 157	2 105
Sous-Ingénieur de 2e classe.	3,675 789	306 316	10 210	378 947	31 578	1 052	4,547 368	378 947	12 631	378 947	31 578	1 052
Sous-Ingénieur de 3e classe.	3,221 053	268 421	8 947	568 421	47 368	1 578	4,054 736	337 894	11 263	568 421	47 368	1 578
Supplément aux ingénieurs de 1re et de 2e classe ayant douze années de grade.	530 526	44 210	1 473	"	"	"	530 526	44 210	1 473	"	"	"
Élève	"	"	"	"	"	"	"	"	"	"	"	"

GÉNIE MARITIME.

Tarif n° 5.
(*Suite.*)

GRADES.	SOLDE D'ABSENCE (A). EN CONGÉ. à 2/3. Solde par jour.	Complément de solde.	à 1/2. Solde par jour.	Complément de solde.	EN CAPTIVITÉ. Solde par jour.	Complément par jour.	EN NON-ACTIVITÉ. Sur le pied d'Europe. Par suite d'infirmités temporaires, de licenciement de corps, de suppression d'emploi, etc. Par an.	Par mois.	Par jour.	Par suite de retrait d'emploi ou de suspension d'emploi. Par an.	Par mois.	Par jour.	Sur le pied colonial. Infirmités temporaires, etc. Par jour.	Retrait d'emploi. Par jour.
	fr. c.	fr. c.	fr. c.	fr. c.	fr. c.	fr. c.	fr. c.	fr c.	fr. c.	fr. c.	fr. c.	fr. c.	fr. c.	fr. c.
Inspecteur général..	"	"	"	"	"	"	7,200 000	600 000	20 000	5,760 000	480 000	16 000	"	"
Directeur de 1re classe.	"	"	"	"	"	"	7,200 000	600 000	20 000	5,760 000	480 000	16 000	"	"
Directeur de 2e classe.	"	"	"	"	"	"	6,006 315	500 526	16 684	4,805 520	400 460	13 348	"	"
Ingénieur de 1re classe.	15 158	"	11 368	"	13 631	"	4,907 370	408 947	13 631	3,925 900	327 158	10 905	14 842	11 873
Ingénieur de 2e classe.	12 350	"	9 263	"	11 157	"	4,016 842	334 736	11 157	3,213 471	267 789	8 926	12 052	9 642
Sous-ingénieur de 1re classe.	6 456	1 403	4 842	1 052	5 789	0 947	1,837 884	153 157	5 105	1,470 315	122 526	4 084	6 315	5 052
Sous-ingénieur de 2e classe.	5 684	0 701	4 263	0 526	5 105	0 368								
Sous-ingénieur de 3e classe.	4 701	1 052	3 526	0 789	4 210	0 684	1,818 940	151 578	5 052	1,212 627	101 052	3 368	6 757	4 505
Élève	"	"	"	"	"	"	1,091 364	90 947	3 031	727 756	60 631	2 021	"	"
Supplément d'ancienneté aux sous-ingénieurs de 1re classe ayant douze années de grade..	0 982	"	0 736	"	0 736	"	"	"	"	"	"	"	"	"

TARIF N° 6.

INGÉNIEURS HYDROGRAPHES.

GRADES.	SOLDE DE PRÉSENCE (A).											
	SOLDE À LA MER proprement dite.						SOLDE À TERRE. En Europe.					
	Solde.			Complément de solde.			Solde.			Complément de solde.		
	Par an.	Par mois.	Par jour.	Par an.	Par mois.	Par jour.	Par an.	Par mois.	Par jour.	Par an.	Par mois.	Par jour.
	fr. c.	fr. c.	fr. c.	fr. c.	fr. c.	fr. c.	fr. c.	fr. c.	fr. c.	fr. c.	fr. c.	fr. c.
Ingénieur hydrographe en chef.....	//	//	//	//	//	//	10,004 210	833 684	27 789	//	//	//
Ingénieur hydrographe de 1re cl.	9,814 740	817 895	27 263	//	//	//	8,185 260	682 105	22 736	//	//	//
Ingénieur hydrographe de 2e cl.	8,033 684	669 473	22 315	//	//	//	6,669 470	555 789	18 526	//	//	//
Sous-ingénieur hydrographe de 1re cl.	4,168 421	347 368	11 578	682 105	56 842	1 894	3,486 320	290 526	9 684	757 895	63 157	2 105
Sous-ingénieur hydrographe de 2e cl.	3,675 789	306 315	10 210	265 263	22 105	0 736	3,069 470	255 789	8 526	378 947	31 578	1 052
Sous-ingénieur hydrographe de 3e cl.	3,031 568	252 630	8 421	492 632	41 052	1 368	2,539 000	211 583	7 052	568 421	47 368	1 578
Élève...........	//	//	//	//	//	//	1,818 940	151 578	5 052	//	//	//
Supplém[ent] aux sous-ingénieurs de 1re et de 2e classe ayant douze années de grade.......	530 526	44 210	1 473	//	//	//	530 526	44 210	1 473	//	//	//

NOTA. — Le supplément de résidence dans Paris est fixé par le tarif n° 30. — Missions hydrographiques. (Voir art. 109 du décret.)

(A) Toutes les allocations portées au tarif n° 6 sont passibles de la retenue de 5 p. o/o au profit de la Caisse des Invalides de la marine.

TARIF N° 6.
(*Suite.*)

INGÉNIEURS HYDROGRAPHES.

GRADES.	SOLDE DE PRÉSENCE.											
	SOLDE À TERRE.											
	En Algérie.						Aux colonies.					
	Solde.			Complément de solde.			Solde.			Complément de solde.		
	Par an.	Par mois.	Par jour.	Par an.	Par mois.	Par jour.	Par an.	Par mois.	Par jour.	Par an.	Par mois.	Par jour.
	fr. c.	fr. c.	fr. c.	fr. c.	fr. c.	fr. c.	fr. c.	fr. c.	fr. c.	fr. c.	fr. c.	fr. c.
Ingénieur hydrographe en chef.....	//	//	//	//	//	//	//	//	//	//	//	//
Ingénieur hydrographe de 1re cl.	9,208 421	767 368	25 578	//	//	//	10,686 316	890 526	29 684	//	//	//
Ingénieur hydrographe de 2e cl.	7,503 158	625 263	20 842	//	//	//	8,677 895	723 157	24 105	//	//	//
Sous-ingénieur hydrographe de 1re cl.	4,206 316	350 526	11 684	757 895	63 157	2 105	5,343 157	445 263	14 842	757 895	63 157	2 105
Sous-ingénieur hydrographe de 2e cl.	3,675 789	306 316	10 210	378 947	31 578	1 052	4,547 368	378 947	12 631	378 947	31 578	1 052
Sous-ingénieur hydrographe de 3e cl.	3,221 053	268 421	8 947	368 421	47 368	1 578	4,054 736	337 894	11 263	568 421	47 368	1 578
Élève...........	//	//	//	//	//	//	//	//	//	//	//	//
Supplém[ent] aux sous-ingénieurs de 1re et de 2e classe ayant douze années de grade.......	530 526	44 210	1 473	//	//	//	530 526	44 210	1 473	//	//	//

TARIF N° 6. (*Suite.*)

INGÉNIEURS HYDROGRAPHES.

GRADES.	SOLDE D'ABSENCE.													
	EN CONGÉ.				EN CAPTIVITÉ.		SUR LE PIED D'EUROPE.						SUR LE PIED colonial.	
	à 2/3.		à 1/2.				Par suite d'infirmités temporaires, de licenciement de corps, de suppression d'emploi, etc.			Par suite de retrait d'emploi ou de suspension d'emploi.			Infirmités temporaires, etc.	Retrait d'emploi, etc.
	Solde par jour.	Complément par jour.	Solde par jour.	Complément par jour.	Solde par jour.	Complément par jour.	Par an.	Par mois.	Par jour.	Par an.	Par mois.	Par jour.	Par jour.	Par jour.
	fr. c.	fr. c.	fr. c.	fr. c.	fr. c.	fr. c.	fr. c.	fr. c.	fr. c.	fr. c.	fr. c.	fr. c.	fr. c.	fr. c.
Ingénieur hydrographe en chef	"	"	"	"	"	"	6,006 315	500 526	16 684	4,805 520	400 460	13 348	"	"
Ingénieur hydrographe de 1re cl.	15 158	"	11 368	"	13 631	"	4,907 370	408 947	13 631	3,925 900	327 158	10 905	14 842	11 873
Ingénieur hydrographe de 2e cl.	12 350	"	9 263	"	11 157	"	4,016 842	334 736	11 157	3,213 471	267 789	8 926	12 052	9 612
Sous-ingénieur hydrographe de 1re cl.	6 456	1 403	4 842	1 052	5 789	0 947	1,837 884	153 157	5 105	1,470 315	122 526	4 084	6 315	5 052
Sous-ingénieur hydrographe de 2e cl.	5 684	0 701	4 263	0 526	5 105	0 368								
Sous-ingénieur hydrographe de 3e cl.	4 701	1 052	3 526	0 789	4 210	0 684	1,818 940	151 578	5 052	1,212 627	101 052	3 368	6 757	4 505
Élève	"	"	"	"	"	"	"	"	"	"	"	"	"	"
Supplément d'ancienneté aux sous-ingénieurs ayant douze années de grade	0 982	"	0 736	"	0 736	"	"	"	"	"	"	"	"	"

COMMISSARIAT DE LA MARINE.

TARIF N° 7.

GRADES.	SOLDE DE PRÉSENCE (A).					
	SOLDE À LA MER.					
	Solde à la mer proprement dite.			Solde d'état-major général.		
	Par an.	Par mois.	Par jour.	Par an.	Par mois.	Par jour.
	fr. c.	fr. c.	fr. c.	fr. c.	fr. c.	fr. c.
Commissaire général de 1re classe	14,400 000	1,200 000	40 000	16,029 473	1,335 789	44 526
Commissaire général de 2e classe	12,012 630	1,001 052	33 363	14,021 050	1,168 420	38 947
Commissaire	9,814 740	817 895	27 263	10,913 684	909 473	30 315
Commissaire-adjoint	6,745 263	562 105	18 736	7,503 157	625 263	20 842
Sous-commissaire de 1re classe	4,168 421	347 368	11 578	4,623 158	385 263	12 842
Sous-commissaire de 2e classe	3,675 789	306 315	10 210	4,092 632	341 052	11 368
Aide-commissaire	3,031 568	252 630	8 421	3,372 505	281 042	9 368
Supplément aux sous-commissaires ayant douze années de grade	530 526	44 210	1 473	530 526	44 210	1 473
Élève commissaire	"	"	"	"	"	"
Commis de marine du service colonial	"	"	"	"	"	"
Écrivain du service colonial	"	"	"	"	"	"

NOTA. — Le supplément de résidence dans Paris est fixé par le tarif n° 30; les suppléments en raison de fonctions spéciales (ordonnateurs, trésoriers à bord des bâtiments de l'État, etc.), sont fixés par le tarif n° 32; les frais de service alloués aux commissaires de l'inscription maritime et aux administrateurs des sous-quartiers sont fixés par le tarif n° 35.

(A) Les allocations portées au tarif n° 7 sont passibles de la retenue de 5 p. 0/0 au profit de la Caisse des invalides de la marine, sauf les allocations de solde des commis de la marine et des écrivains du service colonial, dont la solde ne doit supporter que la retenue de 3 p. 0/0 au profit de la Caisse des invalides de la marine.

TARIF N° 7.
(*Suite.*)

COMMISSARIAT DE LA MARINE.

GRADES.	SOLDE DE PRÉSENCE. SOLDE À TERRE. EN EUROPE. Par an.			EN ALGÉRIE. Par an.			AUX COLONIES. Par an.		
	EN EUROPE. Par an.	Par mois.	Par jour.	EN ALGÉRIE. Par an.	Par mois.	Par jour.	AUX COLONIES. Par an.	Par mois.	Par jour.
	fr. c.	fr. c.	fr. c.	fr. c.	fr. c.	fr. c.	fr. c.	fr. c.	fr. c.
Commissaire général de 1re classe.	12,012 630	1,001 052	33 368	//	//	//	17,014 737	1,417 894	47 263
Commissaire général de 2e classe.	10,004 210	833 684	27 789	//	//	//	14,021 050	1,168 420	38 947
Commissaire	8,185 260	682 105	22 736	9,208 421	767 368	25 578	10,686 310	890 526	29 684
Commissaire-adjoint	5,608 420	467 365	15 578	6,328 421	527 368	17 578	7,389 473	615 789	20 526
Sous-commissaire de 1re classe.	3,486 320	290 526	9 684	4,092 632	341 052	11 368	5,343 157	445 263	14 842
Sous-commissaire de 2e classe.	3,069 470	255 789	8 526	3,562 100	296 841	9 894	4,547 368	378 947	12 631
Aide-commissaire	2,539 000	211 583	7 052	3,031 568	252 630	8 421	4,054 736	337 894	11 263
Supplément aux sous-commissaires ayant douze années de grade	530 526	44 210	1 473	530 526	44 210	1 473	530 526	44 210	1 473
Élève commissaire	1,818 940	151 578	5 052	//	//	//	//	//	//
Commis de marine du service colonial (A)	1,350 000	112 500	3 750	//	//	//	2,550 000	212 500	7 083
Écrivain du service colonial (A)	1,050 000	87 500	2 916	//	//	//	1,950 000	162 500	5 416

(A) Voir la note (A), page 115.

TARIF N° 7.
(*Suite.*)

COMMISSARIAT DE LA MARINE.

GRADES.	SOLDE D'ABSENCE (A). EN CONGÉ, à 2/3.	EN CONGÉ, à 1/2.	EN CAPTIVITÉ.	EN NON-ACTIVITÉ. Sur le pied d'Europe. Par suite d'infirmités temporaires, de licenciement de corps, de suppression d'emploi, etc.,			Par suite de retrait d'emploi ou de suspension d'emploi.			Sur le pied colonial. Infirmités temporaires.	Retrait d'emploi.
	Par jour.	Par jour.	Par jour.	Par an.	Par mois.	Par jour.	Par an.	Par mois.	Par jour.	Par jour.	Par jour.
	fr. c.	fr. c.	fr. c.	fr. c.	fr. c.	fr. c.	fr. c.	fr. c.	fr. c.	fr. c.	fr. c.
Commissaire général de 1re classe.	//	//	20 000	7,200 000	600 000	20 000	5,760 000	480 000	16 000	23 631	18 905
Commissaire général de 2e classe.	//	//	16 684	6,006 315	500 526	16 684	4,805 520	400 460	13 348	19 473	15 578
Commissaire	15 158	11 368	13 631	4,907 370	408 947	13 631	3,925 900	327 158	10 905	14 842	11 873
Commissaire-adjoint	10 385	7 789	9 368	3,372 631	281 052	9 368	2,698 105	224 842	7 494	10 263	8 210
Sous-commissaire de 1re classe.	6 456	4 842	5 789	1,837 884	153 157	5 105	1,470 315	122 526	4 084	6 315	5 052
Sous-commissaire de 2e classe.	5 684	4 263	5 105								
Aide-commissaire	4 701	3 526	4 210	1,818 940	151 578	5 052	1,212 627	101 052	3 368	6 757	4 505
Élève commissaire (A)	//	2 526	//	1,091 364	90 947	3 031	727 576	60 631	2 021	//	//
Commis de marine du service colonial	//	1 875	//	//	//	//	//	//	//	//	//
Écrivain du service colonial (A)	//	1 458	//	//	//	//	//	//	//	//	//
Supplément d'ancienneté aux sous-commissaires ayant douze années de grade	0 982	0 736	0 736	//	//	//	//	//	//	//	//

(A) Voir la note (A), page 115.

TARIF N° 8.

PERSONNEL DES AGENTS DU COMMISSARIAT.

EMPLOIS.	SOLDE DE PRÉSENCE À TERRE.						SOLDE D'ABSENCE en congé.
	EN EUROPE.			EN ALGÉRIE.			
	Par an.	Par mois.	Par jour.	Par an.	Par mois.	Par jour.	Par jour.
	fr. c.	fr. c.	fr. c.	fr. c.	fr. c.	fr. c.	fr. c.
Agent principal du commissariat	5,608 420	467 365	15 578	6,328 421	527 368	17 578	7 789
Agent de 1re classe	3,486 320	290 526	9 684	4,092 632	341 052	11 368	4 842
Agent de 2e classe (A)	3,069 470	255 789	8 526	3,562 100	296 841	9 894	4 263
Sous-agent	2,539 000	211 583	7 052	3,031 568	252 630	8 421	3 526
Commis de 1re classe	2,000 000	166 666	5 555	2,500 000	208 333	6 944	2 777
Commis de 2e classe	1,700 000	141 666	4 722	2,233 333	186 111	6 203	2 361
Commis de 3e classe (B)	1,400 000	116 666	3 888	1,866 666	155 555	5 185	1 944
Écrivain de 1re classe	1,100 000	91 666	3 055	1,466 666	122 222	4 444	1 527
Écrivain de 2e classe	900 000	75 000	2 500	1,200 000	100 000	3 333	1 250

NOTA. — Le supplément de résidence dans Paris est fixé par le tarif n° 30.

(A) La solde des agents principaux, agents et sous-agents du commissariat est passible de la retenue de 5 p. o/o au profit de la Caisse des Invalides de la marine.

(B) La solde des commis et écrivains du personnel des agents du commissariat est passible de la retenue de 3 p. o/o au profit de la Caisse des Invalides de la marine.

TARIF N° 8 *bis*.

SECRÉTAIRES CIVILS DES OFFICIERS GÉNÉRAUX COMMANDANT À LA MER.

GRADES.	SOLDE DE PRÉSENCE À LA MER.			SOLDE D'ABSENCE en congé.	OBSERVATIONS.
	Par an.	Par mois.	Par jour.	Par jour.	
	fr. c.	fr. c.	fr. c.	fr. c.	
Secrétaires civils des officiers généraux commandant en chef une armée navale ou une escadre	1,800 000	150 000	5 000	2 500	NOTA. Les allocations portées au tarif 8 *bis* sont passibles de la retenue de 3 p. o/o au profit de la Caisse des Invalides de la marine.
Secrétaires civils des officiers généraux commandant en chef une division ou une station navale, et des chefs d'état-major général d'une armée navale ou d'une escadre	1,500 000	125 000	4 166	2 083	
Secrétaires civils des officiers généraux commandant en sous-ordre, des capitaines de vaisseau commandant en chef une division ou une station navale	1,200 000	100 000	3 333	1 666	

Tarif n° 9.

INSPECTION DES SERVICES ADMINISTRATIFS ET FINANCIERS DE LA MARINE ET DES COLONIES.

GRADES.	SOLDE À TERRE (A). En Europe. Par an.			SOLDE À TERRE (A). En Algérie. Par an.			SOLDE D'ABSENCE (A). En congé à 1/2. Par jour.	En non-activité. Par suite d'infirmités temporaires, de licenciement de corps, de suppression d'emploi, etc. Par an.			En non-activité. Par suite de retrait d'emploi ou de suspension d'emploi. Par an.		
	Par an.	Par mois.	Par jour.	Par an.	Par mois.	Par jour.	Par jour.	Par an.	Par mois.	Par jour.	Par an.	Par mois.	Par jour.
	fr. c.	fr. c.	fr. c.	fr. c.	fr. c.	fr. c.	fr. c.	fr. c.	fr. c.	fr. c.	fr. c.	fr. c.	fr. c.
Inspecteur en chef chargé du contrôle central (D)	20,000 000	1,666 666	55 555	"	"	"	"	"	"	"	"	"	"
Inspecteur en chef de 1re classe.	12,012 630	1,001 052	33 368	"	"	"	"	7,200 000	600 000	20 000	5,760 000	480 000	16 000
Inspecteur en chef de 2e classe.	10,004 210	833 684	27 789	"	"	"	"	6,006 315	500 520	16 684	4,805 520	400 460	13 348
Inspecteur	8,185 260	682 105	22 736	9,208 421	767 368	25 578	11 368	4,907 370	408 947	13 631	3,925 900	327 158	10 905
Inspecteur-adjoint	5,608 420	467 305	15 578	6,328 421	527 368	17 518	7 789	3,372 631	281 052	9 308	2,698 105	224 842	7 494

(A) Toutes les allocations portées au tarif n° 9 sont passibles de la retenue de 5 p. o/o au profit de la Caisse des Invalides de la marine.
(D) Le traitement alloué à l'inspecteur en chef, chargé du contrôle central, comprend toutes les allocations de solde et d'accessoires de la solde.

Nota. — Dans le cas d'embarquement ou de mission à la mer, les officiers de l'inspection reçoivent la solde à la mer des officiers du commissariat. — Les fonctionnaires de l'inspection en résidence à Paris durant leurs missions temporaires dans les colonies conservent l'indemnité de logement dans Paris et reçoivent à titre d'indemnité spéciale, pendant la durée de leur séjour dans les colonies : les inspecteurs en chef............ 60 francs par jour. les inspecteurs et inspecteurs-adjoints.... 30 idem.

Le supplément de résidence dans Paris est fixé par le tarif n° 30. — Les frais de bureau et d'écritures par le tarif n° 48 b.

Tarif n° 9. (Suite.)

INSPECTION DES SERVICES ADMINISTRATIFS ET FINANCIERS DE LA MARINE ET DES COLONIES.

GRADES.	SOLDE À TERRE (A). Aux colonies (C). Par an.	Par mois.	Par jour.
	fr. c.	fr. c.	fr. c.
Inspecteur en chef chargé du contrôle central	"	"	"
Inspecteur en chef de 1re classe	"	"	"
Inspecteur en chef de 2e classe	"	"	"
Inspecteur	10,686 316	890 526	29 684
[illegible]	7,380 473	615 780	20 526

GRADES.		SOLDE À TERRE (C). Aux colonies (C). Par an.	Par mois.	Par jour.
		fr. c.	fr. c.	fr. c.
Inspection permanente dans les colonies. — Inspecteur permanent chef de service. (D)	Cochinchine	20,000 000	1,666 666	55 555
	Martinique, Guadeloupe, Réunion	18,000 000	1,500 000	50 000
	Inde, Guyane, Nouvelle-Calédonie	16,000 000	1,333 333	44 444

TARIF N° 10.

PERSONNEL ADMINISTRATIF

des directions de travaux dans les ports et les établissements de la marine hors des ports.

GRADES.		SOLDE DE PRÉSENCE À TERRE.						SOLDE D'ABSENCE.						
		EN EUROPE.			EN ALGÉRIE.			EN CONGÉ	EN NON-ACTIVITÉ.					
									Par suite d'infirmités temporaires, de licenciement de corps, de suppression d'emploi, etc.			Par suite de retrait d'emploi ou de suspension d'emploi.		
		Par an.	Par mois.	Par jour.	Par an.	Par mois.	Par jour.	Par jour.	Par an.	Par mois.	Par jour.	Par an.	Par mois.	Par jour.
		fr. c.	fr. c.	fr. c.	fr. c.	fr. c.	fr. c.	fr. c.	fr. c.	fr. c.	fr. c.	fr. c.	fr. c.	fr. c.
Agent administratif principal		5,008 420	467 365	15 578	6,328 421	527 368	17 578	7 789	2,804 210	233 684	7 789	2,243 368	186 947	6 231
Agent administratif (A)	de 1re classe.	3,486 320	290 526	9 684	4,092 632	341 052	11 368	4 842	1,534 735	127 894	4 263	1,227 788	102 315	3 410
	de 2e classe.	3,069 470	255 789	8 526	3,562 100	296 841	9 894	4 263						
Sous-agent administratif		2,530 000	211 583	7 052	3,031 568	252 630	8 421	3 526	1,523 400	126 950	4 231	1,015 600	84 633	2 821
Commis de direction	de 1re classe.	2,000 000	166 666	5 555	2,500 000	208 333	6 944	2 777	"	"	"	"	"	"
	de 2e classe.	1,700 000	141 666	4 722	2,233 333	186 111	6 203	2 361	"	"	"	"	"	"
	de 3e classe.	1 400 000	116 666	3 888	1,800 000	150 000	5 000	1 944	"	"	"	"	"	"
Écrivain (ancienne formation) (B)	de 1re classe.	1,200 000	100 000	3 333	1,600 000	133 333	4 444	1 666	"	"	"	"	"	"
	de 2e classe.	1,100 000	91 666	3 055	1,466 666	122 222	4 074	1 527	"	"	"	"	"	"
Écrivain (nouvelle formation)	de 1re classe.	1,100 000	91 666	3 055	1,466 666	122 222	4 074	1 527	"	"	"	"	"	"
	de 2e classe.	900 000	75 000	2 500	1,200 000	100 000	3 333	1 250	"	"	"	"	"	"

NOTA. — Le supplément de résidence dans Paris est fixé par le tarif n° 30; les suppléments en raison de fonctions spéciales sont fixés par le tarif n° 32. Les agents administratifs faisant fonctions de trésoriers dans les directions de travaux des ports et dans les établissements hors des ports reçoivent un supplément fixé par le tarif n° 32, et, en outre, ils perçoivent une indemnité de 25 centimes par 1,000 francs des sommes encaissées par le conseil d'administration et jusqu'à concurrence de 750 francs par an, à titre d'indemnité de responsabilité, payable sur les fonds : *Salaires d'ouvriers*, à l'expiration de chaque année et sur certificat délivré par le commissaire aux travaux. (Arrêté ministériel du 7 février 1865. (*Bull. off.*, 1er semestre, 1865, p. [illegible], faisant suite au décret du 20 octobre 1864.)

TARIF N° 11.

COMPTABLES DES MATIÈRES DANS LES DIVERS SERVICES DE LA MARINE.

EMPLOIS.		SOLDE DE PRÉSENCE À TERRE.						SOLDE D'ABSENCE.
		EN EUROPE.			EN ALGÉRIE.			En congé
		Par an.	Par mois.	Par jour.	Par an.	Par mois.	Par jour.	Par jour.
		fr. c.	fr. c.	fr. c.	fr. c.	fr. c.	fr. c.	fr. c.
Agent comptable principal		5,608 420	467 365	15 578	6,328 421	527 368	17 578	7 789
Agent comptable (A)	de 1re classe	3,486 320	290 526	9 684	4,092 632	341 052	11 368	4 842
	de 2e classe	3,069 470	255 789	8 526	3,562 100	296 841	9 894	4 263
Sous-agent comptable		2,539 000	211 583	7 052	3,031 568	252 630	8 421	3 526
Commis de comptabilité	de 1re classe	2,000 000	166 666	5 555	2,500 000	208 333	6 944	2 777
	de 2e classe	1,700 000	141 666	4 722	2,233 333	186 111	6 203	2 361
	de 3e classe	1,400 000	116 666	3 888	1,866 666	155 555	5 185	1 944
Ecrivain de comptabilité (B)	de 1re classe	1,100 000	91 666	3 055	1,466 666	122 222	4 074	1 527
	de 2e classe	900 000	75 000	2 500	1,200 000	100 000	3 333	1 250
Magasinier	de 1re classe	2,000 000	166 666	5 555	2,500 000	208 333	6 944	2 777
	de 2e classe	1,700 000	141 666	4 722	2,233 333	186 111	6 203	2 361
	de 3e classe	1,400 000	116 666	3 888	1,866 666	155 555	5 185	1 944
Distributeur	de 1re classe	1,100 000	91 666	3 055	1,466 666	122 222	4 074	1 527
	de 2e classe	900 000	75 000	2 500	1,200 000	100 000	3 333	1 250

NOTA. — Le supplément de résidence dans Paris est fixé par le tarif n° 30. L'indemnité de responsabilité est fixée par le tarif n° 41.
Des suppléments de solde peuvent être accordés par le ministre de la marine aux sous-gardes magasin et aux sectionnaires.
Ces suppléments ne peuvent excéder 600 francs par an ni être au-dessous de 200 francs par an (art. 16 du décret du 17 janvier 1867).

(A) Les allocations de solde (tarif n° 11) des agents comptables sont passibles de la retenue de 5 p. o/o au profit de la Caisse des Invalides de la marine.
(B) Les allocations de solde (tarif n° 11) des commis, écrivains, magasiniers et distributeurs du corps des comptables sont passibles de la retenue de 3 p. o/o au profit de la Caisse des Invalides.

TARIF N° 12.

PERSONNEL DU SERVICE DES MANUTENTIONS.

GRADES.		SOLDE DE PRÉSENCE À TERRE (A).					
		EN EUROPE.			EN ALGÉRIE.		
		Par an.	Par mois.	Par jour.	Par an.	Par mois.	Par jour.
		fr. c.	fr. c.	fr. c.	fr. c.	fr. c.	fr. c.
Agent de manutention principal		5,608 420	467 365	15 578	6,328 421	527 368	17 578
Agent de manutention	de 1re classe	3,486 320	290 526	9 684	4,092 632	341 052	11 368
	de 2e classe	3,069 470	255 789	8 526	3,562 100	296 841	9 894
Sous-agent de manutention		2,539 000	211 583	7 052	3,031 568	252 630	8 421

NOTA. — Le supplément de résidence dans Paris est fixé par le tarif n° 30.
(A) Toutes les allocations portées au tarif n° 12 sont passibles de la retenue de 5 p. o/o au profit de la Caisse des Invalides de la marine.

PERSONNEL DU SERVICE DES MANUTENTIONS.

TARIF N° 12. (*Suite.*)

GRADES.	SOLDE D'ABSENCE (A). EN CONGÉ. Par jour.	EN NON-ACTIVITÉ. Par suite d'infirmités temporaires, de licenciement de corps, de suppression d'emploi, etc. Par an.	Par mois.	Par jour.	Par suite de retrait d'emploi ou de suspension d'emploi. Par an.	Par mois.	Par jour.
	fr. c.	fr. c.	fr. c.	fr. c.	fr. c.	fr. c.	fr. c.
Agent de manutention principal	7 789	2,804 210	233 684	7 789	2,243 368	186 947	6 231
Agent de manutention de 1re classe	4 842	1,534 735	127 894	4 263	1,227 788	102 315	3 410
Agent de manutention de 2e classe	4 263						
Sous-agent de manutention	3 526	1,523 400	126 950	4 231	1,015 600	84 633	2 821

NOTA. — Le supplément de résidence dans Paris est fixé par le tarif n° 30.

(A) Toutes les allocations portées au tarif n° 12 sont passibles de la retenue de 5 p. o/o au profit de la Caisse des Invalides de la marine.

CORPS DE SANTÉ DE LA MARINE.

TARIF N° 13

GRADES.	SOLDE DE PRÉSENCE (A). SOLDE À LA MER. SOLDE à la mer proprement dite. Par an.	Par mois.	Par jour.	SOLDE D'ÉTAT-MAJOR GÉNÉRAL. Solde. Par an.	par mois.	Par jour.	Complément de solde. Par an.	Par mois.	Par jour.
	fr. c.	fr. c.	fr. c.	fr. c.	fr. c.	fr. c.	fr. c.	fr. c.	fr. c.
Inspecteur général	//	//	//	//	//	//	//	//	//
Directeur du service de santé. Médecin ou pharmacien inspecteur, de 1re classe.	//	//	//	//	//	//	//	//	//
Directeur du service de santé. Médecin ou pharmacien inspecteur, de 2e classe.	//	//	//	//	//	//	//	//	//
Médecin et pharmacien en chef	9,814 740	817 895	27 263	10,913 684	909 473	30 315	//	//	//
Médecin et pharmacien professeur ou principal	6,745 263	562 105	18 736	7,503 157	625 263	20 842	//	//	//
Médecin et pharmacien de 1re classe.	4,168 421	347 368	11 578	4,623 158	385 263	12 842	909 474	75 789	2 526
Médecin et pharmacien de 2e classe.	3,031 568	252 630	8 421	3,372 505	281 042	9 368	606 316	50 526	1 684
Aide-médecin et aide-pharmacien	2,197 895	183 157	6 105	//	//	//	//	//	//
Supplément aux médecins et pharmaciens de 1re classe ayant douze années de grade	530 526	44 210	1 473	530 526	44 210	1 473	//	//	//

NOTA. — Le supplément de résidence dans Paris est fixé par le tarif n° 30. Les suppléments en raison de fonctions spéciales sont fixés par le tarif n° 32.

(A) Toutes les allocations portées au tarif n° 13 sont passibles de la retenue de 5 p. o/o au profit de la Caisse des Invalides de la marine.

TARIF N° 13.
(Suite.)

CORPS DE SANTÉ DE LA MARINE.

GRADES.	SOLDE DE PRÉSENCE (A). SOLDE À TERRE. EN EUROPE. Par an.			EN ALGÉRIE. Par an.			AUX COLONIES. Par an.		
		Par mois.	Par jour.		Par mois.	Par jour.		Par mois.	Par jour.
	fr. c.	fr. c.	fr. c.	fr. c.	fr. c.	fr. c.	fr. c.	fr. c.	fr. c.
Inspecteur général	14,021 050	1,168 420	38 947	//	//	//	//	//	//
Directeur du service de santé. Médecin ou pharmacien inspecteur, de 1re cl.	12,012 630	1,001 052	33 368	//	//	//	//	//	//
Directeur du service de santé. Médecin ou pharmacien inspecteur, de 2e cl.	10,004 210	833 684	27 789	//	//	//	//	//	//
Médecin et pharmacien en chef	8,185 260	682 105	22 736	9,208 421	767 368	25 578	10,686 316	890 526	29 684
Médecin et pharmacien professeur ou principal	5,608 420	467 365	15 578	6,404 210	533 684	17 789	7,610 842	634 736	21 157
Médecin et pharmacien, de 1re cl.	3,486 320	290 526	9 684	4,206 316	350 526	11 684	5,722 101	476 842	15 894
Médecin et pharmacien, de 2e cl.	2,539 000	211 583	7 052	3,221 052	268 421	8 947	4,547 368	378 947	12 631
Aide-médecin et aide-pharmacien	1,818 940	151 578	5 052	2,235 789	186 315	6 210	3,069 474	255 787	8 526
Supplément aux médecins et pharmaciens de 1re classe ayant douze années de grade	530 526	44 210	1 473	530 526	44 210	1 473	530 526	44 210	1 473

(A) Toutes les allocations portées au tarif n° 13 sont passibles de la retenue de 5 p. o/o au profit de la Caisse des Invalides de la marine.

TARIF N° 13.
(Suite.)

CORPS DE SANTÉ DE LA MARINE.

GRADES.	SOLDE D'ABSENCE (A). EN CONGÉ. à 2/3. Solde par jour.	EN CONGÉ. à 1/2. Solde par jour.	EN CAPTIVITÉ. Solde par jour.	EN NON-ACTIVITÉ. SUR LE PIED D'EUROPE. Par suite d'infirmités temporaires, de licenciement de corps, de suspension d'emploi, etc. Par an.	Par mois.	Par jour.	Par suite de retrait d'emploi ou de suppression d'emploi. Par an.	Par mois.	Par jour.	SUR LE PIED COLONIAL. Infirmités temporaires, etc. Par jour.	Retrait d'emploi, etc. Par jour.
	fr. c.	fr. c.	fr. c.	fr. c.	fr. c.	fr. c.	fr. c.	fr. c.	fr. c.	fr. c.	fr. c.
Inspecteur général	//	//	//	7,200 000	600 000	20 000	5,760 000	480 000	16 000	//	//
Directeur du service de santé et médecin ou pharmacien inspecteur, de 1re cl.	//	//	//	7,200 000	600 000	20 000	5,760 000	480 000	16 000	//	//
Directeur du service de santé et médecin ou pharmacien inspecteur, de 2e cl.	//	//	//	6,006 315	500 526	16 684	4,805 520	400 460	13 348	//	//
Médecin et pharmacien en chef	15 158	11 368	13 631	4,907 370	408 947	13 631	3,925 900	327 158	10 905	14 842	11 873
Médecin et pharmacien professeur ou principal	10 385	7 789	9 368	3,372 631	281 052	9 368	2,698 105	224 842	7 494	10 578	8 462
Médecin et pharmacien, de 1re cl.	6 456	4 842	5 789	2,084 210	173 684	5 789	1,667 669	138 972	4 631	7 947	6 357
Médecin et pharmacien, de 2e cl.	4 701	3 526	4 210	1,818 940	151 578	5 052	1,212 627	101 052	3 368	7 578	5 052
Aide-médecin et aide-pharmacien	3 368	2 526	3 052	1,318 737	109 894	3 663	879 158	73 263	2 442	5 115	3 410
Supplément d'ancienneté aux médecins de 1re classe ayant douze années de grade	0 982	0 736	0 736	0 736	//	//	//	//	//	//	//

(A) Toutes les allocations portées au tarif n° 13 sont passibles de la retenue de 5 p. o/o au profit de la Caisse des Invalides de la marine.

COMMISSAIRES RAPPORTEURS ET GREFFIERS PRÈS LES TRIBUNAUX MARITIMES.

GRADES.	SOLDE DE PRÉSENCE (A).			INDEMNITÉ JUDICIAIRE (B).			SOLDE D'ABSENCE.
	PAR AN.	PAR MOIS.	PAR JOUR.	PAR AN.	PAR MOIS.	PAR JOUR.	Par jour.
	fr. c.	fr. c.	fr. c.	fr. c.	fr. c.	fr. c.	fr. c.
1° TRIBUNAUX MARITIMES (ANCIENNE FORMATION).							
Commissaire-rapporteur à Brest et Toulon.... après 20 ans de service........	5,532 480	461 040	15 368	"	"	"	7 684
Commissaire-rapporteur à Brest et Toulon.... après 15 ans de service........	5,001 840	416 820	13 894	"	"	"	6 947
Commissaire-rapporteur à Brest et Toulon.... après 10 ans de service........	4,509 360	375 780	12 526	"	"	"	6 263
Commissaire-rapporteur à Brest et Toulon.... au-dessous de 10 ans de service..	4,016 520	334 710	11 157	"	"	"	5 578
Greffier à Brest et Toulon.............. après 20 ans de service........	2,804 040	233 670	7 789	"	"	"	3 895
Greffier à Brest et Toulon.............. après 15 ans de service........	2,614 680	217 890	7 263	"	"	"	3 631
Greffier à Brest et Toulon.............. après 10 ans de service...	2,424 960	202 080	6 736	"	"	"	3 368
Greffier à Brest et Toulon.............. au-dessous de 10 ans de service..	2,235 600	180 300	6 210	"	"	"	3 105
2° TRIBUNAUX MARITIMES (NOUVELLE FORMATION).							
Officiers, officiers-mariniers, sous-officiers et employés en retraite attachés au service de la justice maritime.							
Commissaire près les conseils ou les tribunaux de révision, et commissaire-rapporteur près les tribunaux maritimes des 2e et 5e arrondissements maritimes..................	"	"	"	1,800 000	150 000	5 000	"
Commissaire près les conseils de guerre des 2e et 5e arrondissements maritimes, et commissaire-rapporteur près les tribunaux maritimes des 1er, 3e et 4e arrondissements maritimes..	"	"	"	1,500 000	125 000	4 166	"
Commissaire près les conseils de guerre des 1er, 3e et 4e arrondissements maritimes, et rapporteur près les conseils de guerre des 2e et 5e arrondissements maritimes.......	"	"	"	1,200 000	100 000	3 333	"
Rapporteurs près les conseils de guerre des 1er, 3e et 4e arrondissements maritimes..........................	"	"	"	1,000 000	83 333	2 777	"
Greffier............ des tribunaux maritimes des 2e et 5e arrondissements maritimes.	"	"	"	1,200 000	100 000	3 333	"
Greffier............ des conseils de guerre des 2e et 5e arrondissements maritimes, et des tribunaux des 1er, 3e et 4e arrondissements maritimes..	"	"	"	1,000 000	83 333	2 777	"
Greffier............ des conseils ou des tribunaux de							

OBSERVATIONS.

NOTA. — L'indemnité judiciaire est due aux officiers, officiers-mariniers, sous-officiers et employés en retraite, indépendamment de leur pension de retraite. Le payement de cette indemnité est suspendu chaque fois que les officiers, officiers-mariniers, sous-officiers et employés s'absentent de leur poste ou cessent de remplir leur emploi pour un motif étranger au service. Toutefois, dans des cas exceptionnels, et sur décision spéciale du Ministre, ils peuvent momentanément conserver, hors de l'exercice de leurs fonctions, la jouissance des indemnités qui leur sont allouées. (Art. 4 du décret du 21 juin 1858.) Cette indemnité est conservée par l'officier, etc., qui obtient une permission de trente jours.

Les commissaires-rapporteurs près le 1er tribunal maritime reçoivent un supplément de fonctions. (V. Tarif n° 32.)

(A) La solde (tarif n° 14) des commissaires-rapporteurs et des greffiers des tribunaux maritimes est passible de la retenue de 5 p. o/o au profit de la Caisse des Invalides de la marine.

(B) Les indemnités judiciaires (tarif n° 14) sont passibles de la retenue de 3 p. o/o au profit de la Caisse des Invalides de la marine.

TARIF N° 15.

AUMÔNIERS DE LA MARINE.

GRADES.	SOLDE DE PRÉSENCE (A).					
	SOLDE À LA MER PROPREMENT DITE. (B)			SOLDE À TERRE.		
	Par an.	Par mois.	Par jour.	Par an.	Par mois.	Par jour.
	fr. c.	fr. c.	fr. c.	fr. c.	fr. c.	fr. c.
Aumônier	3,031 568	252 630	8 421	2,501 050	208 420	6 947
Supplément aux aumôniers ayant douze années de grade	530 526	44 210	1 473	530 526	44 210	1 473

(A) Les allocations de solde, etc. (tarif n° 15) sont passibles de la retenue de 5 p. o/o au profit de la Caisse des Invalides de la marine.

(B) Un supplément de 180 francs par an est alloué aux aumôniers de la flotte embarqués, pour achat de pain d'autel, de vin et de cierges (passibles de la retenue de 3 p. o/o au profit de la Caisse des Invalides).

NOTA. — Le supplément de résidence dans Paris est fixé par le tarif n° 30. Les suppléments en raison de fonctions spéciales sont fixés par le tarif n° 32.

TARIF N° 15.
(*Suite.*)

AUMÔNIERS DE LA MARINE.

GRADES.	SOLDE D'ABSENCE (A).								
	EN CONGÉ		EN CAPTIVITÉ	EN NON-ACTIVITÉ.					
	à 2/3.	à 1/2.		Par suite d'infirmités temporaires, de licenciement de corps, de suppression d'emploi, etc.			Par suite de retrait d'emploi ou de suspension d'emploi.		
	Par jour.	Par jour.	Par jour.	Par an.	Par mois.	Par jour.	Par an.	Par mois.	Par jour.
	fr. c.	fr. c.	fr. c.	fr. c.	fr. c.	fr. c.	fr. c.	fr. c.	fr. c.
Aumôniers	4 631	3 473	4 210	1,515 789	126 315	4 210	1,212 637	101 052	3 368
Supplément d'ancienneté (douze ans de grade)	0 982	0 736	0 736	//	//	//	//	//	//

(A) Les allocations de solde, etc. (tarif n° 15) sont passibles de la retenue de 5 p. o/o au profit de la Caisse des Invalides de la marine.

TARIF N° 16.

EXAMINATEURS ET PROFESSEURS D'HYDROGRAPHIE, PROFESSEURS DE L'ÉCOLE NAVALE ET DE L'ÉCOLE DES MOUSSES.

GRADES ET EMPLOIS.		SOLDE DE PRÉSENCE (A).					
		SOLDE À LA MER proprement dite.			SOLDE À TERRE.		
		Par an.	Par mois.	Par jour.	Par an.	Par mois.	Par jour.
		fr c.	fr. c.	fr. c.	fr. c.	fr. c.	fr. c.
Examinateur d'hydrographie.....		//	//	//	8,185 260	682 105	22 736
Professeur d'hydrographie	de 1re classe.....	6,745 263	562 105	18 736	5,608 420	467 365	15 578
	de 2e classe.....	4,168 421	347 368	11 578	3,486 320	290 526	9 684
	de 3e classe.....	3,675 780	306 315	10 210	3,069 470	255 789	8 526
Professeur de l'École navale ou de l'École des mousses	de 1re classe.....	6,745 263	562 105	18 736	//	//	//
	de 2e classe.....	4,168 421	347 368	11 578	//	//	//
	de 3e classe.....	3,675 789	306 315	10 210	//	//	//
	de 4e classe.....	3,031 568	252 630	8 421	//	//	//

NOTA. — Il est alloué aux examinateurs d'hydrographie, pour frais de tournée d'examen, une indemnité s'élevant à la somme brute de 3,800 francs. Cette allocation, exclusive de toute indemnité de route et de séjour, est passible de la retenue de 3 p. o/o au profit de la Caisse des Invalides de la marine.

Le supplément de résidence dans Paris des examinateurs et des professeurs d'hydrographie est fixé par le tarif n° 30. Les frais de service sont fixés par le tarif n° 34 (passibles de la retenue de 3 p. o/o au profit de la Caisse des Invalides de la marine).

La solde de l'examinateur chargé des examens de classement et de sortie de l'École navale est fixée par le tarif n° 19.

Il est alloué aux examinateurs chargés des examens d'admission à l'École navale une indemnité réglée par le Ministre, en raison de l'étendue des tournées à faire dans les départements.

(A) Les allocations de solde portées au tarif n° 16 sont passibles de la retenue de 5 p. o/o au profit de la Caisse des Invalides de la marine.

TARIF N° 16. (*Suite.*)

EXAMINATEURS ET PROFESSEURS D'HYDROGRAPHIE, PROFESSEURS DE L'ÉCOLE NAVALE ET DE L'ÉCOLE DES MOUSSES.

GRADES ET EMPLOIS.		SOLDE D'ABSENCE (A).							
		EN CONGÉ		EN NON-ACTIVITÉ.					
		à 2/3. — Solde par jour.	à 1/2. — Solde par jour.	Par suite d'infirmités temporaires, de licenciement de corps, de suppression d'emploi, etc.			Par suite de retrait d'emploi ou de suspension d'emploi.		
				Par an.	Par mois.	Par jour.	Par an.	Par mois.	Par jour.
		fr. c.	fr. c.	fr. c.	fr. c.	fr. c.	fr. c.	fr. c.	fr. c.
Examinateur d'hydrographie.....		//	//	4,907 370	408 947	13 631	3,925 900	327 158	10 905
Professeur d'hydrographie	de 1re classe.....	10 385	7 789	3,372 631	281 052	9 368	2,698 105	224 842	7 494
	de 2e classe.....	6 456	4 842	2,084 210	173 684	5 789	1,667 669	138 972	4 631
	de 3e classe.....	5 684	4 263	1,837 884	153 157	5 105	1,470 315	122 526	4 084
Professeur de l'École navale ou de l'École des mousses	de 1re classe.....	//	//	//	//	//	//	//	//
	de 2e classe.....	//	//	//	//	//	//	//	//
	de 3e classe.....	//	//	//	//	//	//	//	//
	de 4e classe.....	//	//	//	//	//	//	//	//

TARIF N° 17.

TRÉSORIERS DES INVALIDES DE LA MARINE.

GRADES.	SOLDE DE PRÉSENCE (A).			SOLDE D'ABSENCE (A)
	Par an.	Par mois.	Par jour.	Par jour.
	fr. c.	fr. c.	fr. c.	fr. c.
Trésorier général	15,006 315	1,250 526	41 684	20 842
Trésorier de 1re classe	4,623 158	385 263	12 842	6 241
Trésorier de 2e classe	3,031 579	252 031	8 421	4 210
Trésorier de 3e classe	2,576 842	214 736	7 157	3 578

(A) Les allocations de solde portées au tarif n° 17 sont passibles de la retenue de 5 p. o/o au profit de la Caisse des Invalides de la marine.

NOTA. — L'indemnité de responsabilité, l'indemnité pour reddition de comptes, les frais de service et l'allocation pour préposés (allocations passibles de la retenue de 3 p. o/o au profit de la Caisse des Invalides de la marine), sont déterminés par décision ministérielle. (Article 7 du décret du 8 mai 1867.)

Le personnel des trésoriers des invalides reçoit la solde et les accessoires de la solde sur les crédits du budget de la Caisse des Invalides de la marine.

TARIF N° 18

INGÉNIEURS DES PONTS ET CHAUSSÉES.

EMPLOIS.	SOLDE DE PRÉSENCE. Traitement fixe. Par an.	Traitement fixe. Par mois.	Traitement fixe. Par jour.	Complément de solde. Par an.	Complément de solde. Par mois.	Complément de solde. Par jour.	SOLDE D'ABSENCE. Traitement par jour.	Complément par jour.
	fr. c.	fr. c.	fr. c.	fr. c.	fr. c.	fr. c.	fr. c.	fr. c.
Inspecteur général de 1re classe	15,000 000	1,250 000	41 666	1,500 000	125 000	4 166	20 833	2 083
Inspecteur général de 2e classe	12,000 000	1,000 000	33 333	2,500 000	208 333	6 944	16 646	3 472
Ingénieur en chef de 1re classe à	8,000 000	666 666	22 222	4,000 000	333 333	11 111	11 111	5 555
Ingénieur en chef de 1re classe à	7,000 000	583 333	19 444	4,000 000	333 333	11 111	9 722	5 555
Ingénieur en chef de 2e classe à	6,000 000	500 000	16 666	4,000 000	333 333	11 111	8 333	5 555
Ingénieur ordinaire de 1re classe	4,500 000	375 000	12 500	2,400 000	200 000	6 666	6 250	3 333
Ingénieur ordinaire de 2e classe	3,500 000	291 666	9 722	2,000 000	166 666	5 555	4 861	2 777
Ingénieur ordinaire de 3e classe	2,500 000	208 333	6 944	1,600 000	133 333	4 444	3 472	2 222
Élève	1,800 000	150 000	5 000	1,600 000	133 333	4 444	2 500	2 222

NOTA. — Le traitement fixe des ingénieurs des ponts et chaussées est passible d'une retenue de 5 p. o/o au profit du Trésor public. En cas d'avancement, on doit verser au Trésor public le premier douzième de la différence du traitement fixe; en cas de congé avec solde d'absence, la moitié du traitement fixe doit également être versée au Trésor public. — Le complément de solde des ingénieurs est passible de la retenue de 3 p. o/o au profit de la Caisse des Invalides de la marine. Les retenues de congé sur le complément de solde des ingénieurs sont versées à la Caisse des Invalides de la marine.

DIVERS SERVICES.

Tarif n° 19.

EMPLOIS.	SOLDE DE PRÉSENCE OU INDEMNITÉ DE FONCTIONS.		
	Par an.	Par mois.	Par jour.
	fr. c.	fr. c.	fr. c.
1° BIBLIOTHÈQUES.			
Conservateur de la bibliothèque du port, à Brest. — Solde (A)	2,600 000	216 666	7 222
Conservateur de la bibliothèque du port, à Toulon. — Indemnité (A)	1,000 000	83 333	2 777
Conservateur de la bibliothèque du port, à Cherbourg, Lorient et Rochefort; Conservateur de la bibliothèque de l'hôpital, à Cherbourg, Brest, Rochefort et Toulon. — Indemnité (A)	800 000	66 666	2 222
2° EXAMINATEURS D'ADMISSION ET DE SORTIE DE L'ÉCOLE NAVALE.			
Examinateur chargé des examens de classement et de sortie de l'École navale. — Traitement	(B) 6,024 960	502 080	16 736
Examinateur d'admission. — Indemnité fixée par le Ministre en raison de l'étendue de la tournée à faire dans les départements	"	"	"
3° SERVICE DES TRAITES DE LA MARINE.			
Agent comptable des traites de la marine — Traitement (A)	6,000 000	500 000	16 666
Agent comptable des traites de la marine — Abonnement pour frais d'écritures et de bureau (A)	2,000 000	166 666	5 555
4° ÉCOLE DE DESSIN À BREST ET À TOULON.			
Professeur de dessin (C)	3,069 470	255 789	8 526

(A) Allocations passibles de la retenue de 3 p. o/o au profit de la Caisse des Invalides de la marine.
(B) Traitement de l'examinateur chargé des examens de classement et de sortie de l'École navale, lorsque ce fonctionnaire ne reçoit pas d'autre traitement sur le budget de la marine.
Ce traitement est passible de la retenue de 5 p. o/o au profit de la Caisse des Invalides de la marine.
(C) Allocations passibles de la retenue de 5 p. o/o au profit de la Caisse des Invalides de la marine.

MAÎTRES PRINCIPAUX, MAÎTRES ENTRETENUS DE TOUTES PROFESSIONS,

CONDUCTEURS PRINCIPAUX ET ORDINAIRES DES TRAVAUX HYDRAULIQUES.

Tarif n° 20.

EMPLOIS.		SOLDE DE PRÉSENCE. EN EUROPE.			EN ALGÉRIE.			SOLDE D'ABSENCE en congé.
		Par an.	Par mois.	Par jour.	Par an.	Par mois.	Par jour.	Par jour.
		fr. c.	fr. c.	fr. c.	fr. c.	fr. c.	fr. c.	fr. c.
Maîtres principaux de toutes professions (dessinateurs, etc.), conducteurs principaux des travaux hydrauliques (A)	de 1re cl.	3,486 920	290 526	9 684	4,553 586	379 465	12 848	4 842
	de 2e cl.	3,069 470	255 789	8 526	4,002 803	333 566	11 118	4 263
Maîtres entretenus de toutes professions (commis dessinateurs, etc.), conducteurs des travaux hydrauliques (B)	de 1re cl.	2,461 850	205 154	6 838	3,128 516	260 709	8 690	3 419
	de 2e cl.	2,200 000	183 333	6 111	2,800 000	233 333	7 777	3 055
	de 3e cl.	2,000 000	166 666	5 555	2,500 000	208 333	6 944	2 777

Nota. — Le supplément de résidence dans Paris est fixé par le tarif n° 30.

Les maîtres principaux du service forestier reçoivent un supplément de fonctions de 909 fr. 950 par an, passible de la retenue de 5 p. o/o au profit de la Caisse des Invalides de la marine. Un supplément (900 francs par an), passible de la retenue de 3 p. o/o au profit de la Caisse des Invalides de la marine, est alloué aux maîtres entretenus détachés des arsenaux maritimes pour servir, soit dans les ports de commerce, soit dans toute autre localité, quel que soit le service auquel ils sont affectés.

Les maîtres entretenus ordinaires affectés au service des recettes et de la surveillance des travaux confiés à l'industrie, ainsi qu'au service forestier, et qui sont en résidence à Paris, reçoivent un supplément de fonctions fixé comme suit :

Maître entretenu de 1re classe	1,100 francs par an.
——— 2e classe	1,000 ———
——— 3e classe	900 ———

(*Décision présidentielle du 25 mai 1878.*)

Les maîtres entretenus détachés à Paris pour un autre service ne reçoivent que le supplément de 900 francs par an, quelle que soit leur classe.

Les maîtres principaux et les maîtres entretenus ordinaires, chefs d'ateliers, détachés aux colonies, etc., reçoivent des suppléments spéciaux.

Les conducteurs des travaux hydrauliques dirigeant des travaux peuvent recevoir un supplément de 200 à 400 francs par an.

Nota. — Les suppléments de fonctions des maîtres principaux sont passibles de la retenue de 5 p. o/o. Les suppléments de fonctions des maîtres entretenus sont passibles de la retenue de 3 p. o/o.

(A) La solde des maîtres principaux de toutes professions est passible de la retenue de 5 p. o/o au profit de la Caisse des Invalides de la marine.
(B) La solde des maîtres entretenus de toutes professions est passible de la retenue de 3 p. o/o au profit de la Caisse des Invalides de la marine.

TARIF N° 21.

PERSONNEL DES ÉCOLES DE MAISTRANCE, ÉCOLES ÉLÉMENTAIRES, ETC.

EMPLOIS.	SOLDE DE PRÉSENCE.			SOLDE D'ABSENCE en congé.
	Par an.	Par mois.	Par jour.	Par jour.
	fr. c.	fr. c.	fr. c.	fr. c.
1° ÉCOLES NORMALES DE MAISTRANCE ET ÉCOLES PRÉPARATOIRES DE MAISTRANCE.				
Supplément aux professeurs des divers corps de la marine. — Voir tarif n° 32	"	"	"	"
2° ÉCOLES ÉLÉMENTAIRES DES APPRENTIS.				
Professeur titulaire (A)	"	"	"	"
Professeur adjoint (A)	"	"	"	"
Frère des Écoles chrétiennes (B)	900 000	75 000	2 500	"
Maîtresse de l'école des filles, à Indret (B)	900 000	75 000	2 500	1 250
Sous-maîtresse de l'école des filles, à Indret (B)	700 000	58 333	1 944	0 972
3° COURS NORMAL DES INSTITUTEURS BREVETÉS DE LA FLOTTE.				
Professeur chargé du cours normal, à Rochefort — Solde (B)	(C) 3,000 000	250 000	8 333	"
Professeur chargé du cours normal, à Rochefort — Indemnité tenant lieu de logement et de frais de bureau (B)	600 000	50 000	1 666	"
4° ÉCOLE DES MOUSSES.				
Sous-professeur de 1re classe (B)	1,600 000	133 333	4 444	"
Sous-professeur de 2e classe (B)	1,400 000	116 666	3 888	"

Voir, pour les suppléments de fonctions des officiers et des agents chargés d'un cours, le tarif n° 32.

(A) Le professeur chargé de l'école reçoit un traitement annuel fixé dans chaque cas particulier par le Ministre et compris entre 1,600 et 2,200 francs.

Le professeur adjoint reçoit un traitement de 1,200 ou de 1,400 francs (arrêté ministériel du 29 novembre 1879 (B. O. P. 848). Ces allocations sont passibles de la retenue de 5 p. o/o au profit de la Caisse des Invalides de la marine.

(B) Allocation passible de la retenue de 3 p. o/o au profit de la Caisse des Invalides de la marine.

(C) Décision présidentielle du 18 août 1879.

TARIF N° 22.

COMMIS AUX VIVRES ET MAGASINIERS ENTRETENUS DE LA FLOTTE.

EMPLOIS.	SOLDE DE PRÉSENCE (A) À TERRE.			SOLDE D'ABSENCE en congé. (A)
	Par an.	Par mois.	Par jour.	Par jour.
	fr. c.	fr. c.	fr. c.	fr. c.
Premier commis aux vivres et magasinier de 1re classe	1,300 000	108 333	3 611	1 805
Premier commis aux vivres et magasinier de 2e classe	1,200 000	100 000	3 333	1 666
Second commis aux vivres de 1re classe et magasinier de 3e classe	1,000 000	83 333	2 777	1 388
Second commis aux vivres de 2e classe et magasinier de 4e classe	900 000	75 000	2 500	1 250

NOTA. — La solde à la mer du personnel des commis aux vivres et des magasiniers de la flotte est fixée par les tarifs annexés au décret du 11 août 1856 et par la décision présidentielle du 27 février 1877.

(A) Allocations passibles de la retenue de 3 p. o/o au profit de la Caisse des Invalides de la marine.

GUETTEURS DES ÉLECTRO-SÉMAPHORES.

TARIF N° 23.

EMPLOIS.		SOLDE DE PRÉSENCE (A). Par an.	Par mois.	Par jour.	SOLDE D'ABSENCE en congé. (A) Par jour.
		fr. c.	fr. c.	fr. c.	fr. c.
Chef guetteur…	de 1re classe	1,210 000	100 833	3 361	1 680
	de 2e classe	1,100 000	91 666	3 055	1 527
Guetteur…	de 1re classe	990 000	82 500	2 750	1 375
	de 2e classe	880 000	73 333	2 444	1 222
Guetteur suppléant		880 000	73 333	2 444	1 222

(A) Allocations passibles de la retenue de 3 p. o/o au profit de la Caisse des Invalides de la marine.

DIVERS AGENTS.

TARIF N° 24.

EMPLOIS.		SOLDE DE PRÉSENCE (A). EN EUROPE. Par an.	Par mois.	Par jour.	EN ALGÉRIE. Par an.	Par mois.	Par jour.	SOLDE D'ABSENCE en congé. Par jour.
		fr. c.	fr. c.	fr. c.	fr. c.	fr. c.	fr. c.	fr. c.
Chef de pilotage		1,800 000	150 000	5 000	//	//	//	2 500
Inspecteur…	des signaux	1,400 000	116 666	3 888	//	//	//	1 944
	des pêches	1,300 000	108 333	3 666	//	//	//	1 833
Syndic des gens de mer (B)…	de 1re classe	1,100 000	91 666	3 055	1,466 666	122 222	4 074	1 527
	de 2e classe	1,000 000	83 333	2 777	1,333 333	111 111	3 703	1 388
	de 3e classe	900 000	75 000	2 500	1,200 000	100 000	3 333	1 250
Garde-maritime.	de 1re classe	900 000	75 000	2 500	//	//	//	1 250
	de 2e classe	800 000	66 666	2 222	//	//	//	1 111

NOTA. — Les syndics des gens de mer et les gardes maritimes reçoivent, pour entretien de bateaux, un supplément dont la quotité, déterminée par le Ministre, varie de 100 à 120 francs par an. Le Ministre désigne ceux de ces agents auxquels l'allocation dont il s'agit doit être attribuée.

(A) Allocations passibles de la retenue de 3 p. o/o au profit de la Caisse des Invalides de la marine.

(B) Les syndics faisant fonctions de préposé de l'inscription maritime reçoivent un supplément annuel de 600 francs. (*Décret du 8 juillet 1879.*)

PERSONNEL DE SURVEILLANCE DES PRISONS MARITIMES.

TARIF N° 25.

EMPLOIS.		SOLDE DE PRÉSENCE (A). Par an.	Par mois.	Par jour.	SOLDE D'ABSENCE en congé. (A) Par jour.
		fr. c.	fr. c.	fr. c.	fr. c.
Surveillant principal	de 1re classe	1,800 000	150 000	5 000	2 500
	de 2e classe	1,700 000	141 666	4 722	2 361
Surveillant chef de travaux	de 1re classe	1,500 000	125 000	4 166	2 083
	de 2e classe	1,400 000	116 666	3 888	1 944
Surveillant	de 1re classe	1,200 000	100 000	3 333	1 666
	de 2e classe	1,100 000	91 666	3 055	1 527

NOTA. — Les surveillants principaux reçoivent, à titre d'indemnité d'habillement, une indemnité annuelle de 200 francs; les surveillants chefs de travaux, 150 francs, et les surveillants, 120 francs.

Chaque agent nouvellement admis reçoit, à titre de première mise, une somme égale à l'indemnité annuelle fixée pour son habillement; pendant la première année, l'indemnité annuelle est réduite de moitié. La promotion à un grade supérieur donne droit à la différence entre la première mise déjà touchée et celle qui est afférente au nouveau grade.

(A) Allocations passibles de la retenue de 3 p. o/o au profit de la Caisse des Invalides de la marine.

TARIF N° 26.

CORPS DES MARINS VÉTERANS.

GRADES.	SOLDE DE PRÉSENCE (A).			SOLDE D'ABSENCE en congé. (A)	OBSERVATIONS.
	PAR AN.	PAR MOIS.	PAR JOUR.	par jour.	
	fr. c.	fr. c.	fr. c.	fr. c.	
Premier maître vétéran	1,460 000	121 666	4 055	2 027	Il est alloué une indemnité d'habillement fixée, par homme et par an, à 54 francs. Il n'est alloué au personnel des marins vétérans aucune allocation pour indemnité de vivres et de casernement. Aucune prime de réadmission ne peut être attribuée à ce personnel, qui n'a pas droit aux hautes payes d'ancienneté. Un supplément de 8 francs par mois est alloué au premier maître vétéran qui, dans chacun des cinq ports militaires, est chargé de la comptabilité des bâtiments désarmés.
Maître vétéran	1,260 000	105 000	3 500	1 750	
Second maître vétéran	1,100 000	91 666	3 055	1 527	
Quartier-maître vétéran	920 000	76 666	2 555	1 277	
Matelot vétéran	770 000	64 166	2 138	1 069	

(A) Allocations passibles de la retenue de 3 p. o/o au profit de la Caisse des Invalides de la marine.

TARIF N° 26.
(*Suite.*)

CORPS DES MARINS VÉTÉRANS, SECTION DES MÉCANICIENS VÉTÉRANS.

GRADES.	SOLDE DE PRÉSENCE (A).			SOLDE D'ABSENCE en congé. (A)	OBSERVATIONS.
	PAR AN.	PAR MOIS.	PAR JOUR.	Par jour.	
	fr. c.	fr. c.	fr. c.	fr. c.	
Premiers maîtres mécaniciens vétérans	1,800 000	150 000	5 000	2 500	Il est alloué une indemnité d'habillement fixée, par homme et par an, à 54 francs. Il n'est accordé aux mécaniciens vétérans aucune allocation pour indemnité de vivres et de casernement. Aucune prime de réadmission ne peut être attribuée à ce personnel, qui n'a pas droit aux hautes payes d'ancienneté. Les seconds-maîtres, quartier maîtres, mécaniciens et ouvriers chauffeurs vétérans qui, employés sur un bâtiment de la Direction des mouvements du port, ont passé plus de quatre heures devant les feux, dans une même journée reçoivent le supplément suivant : Les seconds maîtres..... 0f 50 Les quartiers maîtres... 0 40 Les ouvriers chauffeurs, 0 30 (*Décision présidentielle du 8 août 1880. B. O.*)
Maîtres mécaniciens vétérans	1,440 000	120 000	4 000	2 000	
Seconds maîtres mécaniciens vétérans	1,230 000	102 500	3 450	1 725	
Quartiers-maîtres mécaniciens vétérans	1,050 000	87 500	2 916	1 458	
Ouvriers chauffeurs vétérans	870 000	72 500	2 416	1 208	

(A) Allocations passibles de la retenue de 3 p. o/o au profit de la Caisse des Invalides de la marine.

TARIF N° 27.

PERSONNEL DE GARDIENNAGE.

EMPLOIS.		SOLDE DE PRÉSENCE (A). EN EUROPE. Par an.		Par jour.	EN ALGÉRIE. Par an.	Par mois.	Par jour.	SOLDE D'ABSENCE en congé. (A) — Par jour.
			Par mois.					
		fr. c.	fr. c.	fr. c.	fr. c.	fr. c.	fr. c.	fr. c.
Gardien-chef	de 1re classe...	1,980 000	165 000	5 500	2,640 000	220 000	7 333	2 750
	de 2e classe...	1,760 000	146 666	4 888	2,346 666	195 555	6 518	2 444
Gardien-major	de 1re classe...	1,540 000	128 333	4 277	2,053 333	171 111	5 703	2 138
	de 2e classe...	1,430 000	119 166	3 772	1,906 666	158 888	5 296	1 886
Portier-consigne	de 1re classe...	1,210 000	100 833	3 361	1,613 333	134 444	4 481	1 680
	de 2e classe...	1,100 000	91 666	3 055	1,466 666	122 222	4 074	1 527
Gardien-concierge	de 1re classe...	1,210 000	100 833	3 361	1,613 333	134 444	4 481	1 680
	de 2e classe...	1,100 000	91 666	3 055	1,466 666	122 222	4 074	1 527
Gardien-portier	de 1re classe...	990 000	82 500	2 750	1,320 000	110 000	3 666	1 375
	de 2e classe...	880 000	73 333	2 444	1,173 333	97 777	3 259	1 222
Gardien ambulant	de 1re classe...	990 000	82 500	2 750	1,320 000	110 000	3 666	1 375
	de 2e classe...	880 000	73 333	2 444	1,173 333	97 777	3 259	1 222
Gardien de bureau	de 1re classe...	880 000	73 333	2 444	1,173 333	97 777	3 259	1 222
	de 2e classe...	770 000	64 166	2 138	996 666	83 055	2 768	1 069
Patron de canot		990 000	82 500	2 750	1,320 000	110 000	3 666	1 375

NOTA. — Il est alloué à chacun des agents dénommés ci-contre, pour renouvellement et entretien des effets d'habillement, une indemnité annuelle, savoir :

Gardien-chef	150f 000
Gardien-major	120 000
Portier-consigne et gardien-concierge	100 000
Gardien-portier, gardien ambulant, gardien de bureau, patron de canot	80 000

Chaque agent nouvellement admis reçoit, à titre de première mise, une somme égale à l'indemnité annuelle d'habillement fixée pour son emploi; pendant la première année, l'indemnité anuelle d'habillement est réduite à la moitié.

Les portiers-consignes nommés gardiens-majors, et les gardiens-majors nommés gardiens-chefs, ont droit à la différence entre la première mise d'habillement qu'ils ont déjà touchée et celle afférente à leur nouvel emploi, sans aucune réduction sur l'allocation annuelle.

Les gardiens des bibliothèques reçoivent un supplément de 10 francs par mois.

Les gardiens-portiers, vaguemestres des prisons, reçoivent un supplément de 4 fr. 50 cent. par mois. (*Décret du 8 mai 1872.*)

(A) Allocations passibles de la retenue de 3 p. o/o au profit de la Caisse des Invalides de la marine.

TARIF N° 28.

COMPAGNIES DE POMPIERS.

EMPLOIS.		SOLDE DE PRÉSENCE (A). PAR AN.	PAR MOIS.	PAR JOUR.	SOLDE D'ABSENCE en congé. (A) — Par jour.
		fr. c.	fr. c.	fr. c.	fr. c.
Chef pompier		1,800 000	150 000	5 000	2 500
Maître pompier		1,440 000	120 000	4 000	2 000
Sergent pompier		1,224 000	102 000	3 400	1 700
Caporal pompier		1,044 000	87 000	2 900	1 450
Pompier ordinaire	de 1re classe	864 000	72 000	2 400	1 200
	de 2e classe	792 000	66 000	2 200	1 100

NOTA. — Les chefs-pompiers reçoivent, pour supplément de fonctions, entretien et renouvellement de leur habillement, une indemnité annuelle de 120 fr. — Les maîtres et sergents pompiers ont droit à une indemnité d'habillement de 72 francs. Cette indemnité est de 54 francs pour les caporaux-pompiers et pompiers ordinaires de 1re et de 2e classe. Les nouveaux engagés ont droit à une première mise de 54 francs. Dans ce cas, l'indemnité annuelle est réduite de moitié pour l'année de l'engagement.

Une indemnité de 50 francs par an, payable par mois, est accordée aux pompiers de tous grades qui prendront l'engagement de se loger dans un rayon d'un kilomètre du point de réunion qui leur est assigné dans l'arsenal en cas d'incendie.

Il n'est alloué aux pompiers de la marine aucune allocation pour indemnité de vivres et de casernement, aucune prime d'engagement ou de rengagement. Ils n'ont pas droit aux hautes payes d'ancienneté.

Les clairons des compagnies de pompiers reçoivent un accroissement de solde de 10 centimes par jour, à charge par eux d'entretenir leurs instruments. (*Circulaire du 3 juin 1880*).

(A) Allocations passibles de la retenue de 3 p. o/o au profit de la Caisse des Invalides de la marine.

TARIF N° 29.

JARDINIERS BOTANISTES ENTRETENUS DU SERVICE DES HÔPITAUX.

EMPLOIS.		SOLDE DE PRÉSENCE (A).			SOLDE D'ABSENCE ou congé. (A)
		PAR AN.	PAR MOIS.	PAR JOUR.	Par jour.
		fr. c.	fr. c.	fr. c.	fr. c.
Jardinier botaniste entretenu	de 1re classe	2,461 850	205 154	6 838	3 419
	de 2e classe	2,200 000	183 333	6 111	3 055
	de 3e classe	2,000 000	166 666	5 555	2 777

Décret du 21 décembre 1878.

(A) Allocations passibles de la retenue de 3 p. o/o au profit de la Caisse des Invalides de la marine.

TARIF N° 30.

SUPPLÉMENTS DE RÉSIDENCE DANS PARIS.

GRADES OU EMPLOIS.		SUPPLÉMENT DE RÉSIDENCE DANS PARIS.		
		Par an.	Par mois.	Par jour.
		fr. c.	fr. c.	fr. c.
§ 1er. — SUPPLÉMENTS PASSIBLES DE LA RETENUE DE 5 P. O/O.				
Vice-amiral et assimilé		2,008 080	167 340	5 578
Contre-amiral et assimilé; Officiers généraux des autres corps de la marine		1,515 600	126 300	4 210
Capitaine de vaisseau et assimilé; Examinateur d'hydrographie; Capitaine de frégate et assimilé		1,212 480	101 040	3 368
Commissaire-adjoint et assimilé		1,080 000	90 000	3 000
Lieutenant de vaisseau et assimilé		756 000	63 000	2 100
Enseigne de vaisseau et assimilé		738 947	61 578	2 052
Aspirant de 1re classe et assimilé		625 263	52 105	1 736
Maître principal	de 1re classe	1,080 000	90 000	3 000
	de 2e classe	947 160	78 930	2 631
§ 2. — SUPPLÉMENTS PASSIBLES DE LA RETENUE DE 3 P. O/O.				
Commis des agents du commissariat; commis des directions de travaux; commis de la comptabilité des matières		600 000	50 000	1 666
Maître entretenu	de 1re classe	733 333	61 111	2 037
	de 2e classe	666 666	55 555	1 851
	de 3e classe	600 000	50 000	1 666
Écrivain de 1re classe des divers corps des personnels administratifs secondaires		500 000	41 666	1 388
Écrivain de 2e classe des divers corps des personnels administratifs secondaires		400 000	33 333	1 111
Magasinier du personnel des comptables	de 1re classe	533 333	44 444	1 481
	de 2e classe	466 666	38 888	1 296
	de 3e classe	600 000	50 000	1 666
Distributeur du personnel des comptables	de 1re classe	550 000	45 833	1 517
	de 2e classe	400 000	33 333	1 111
Autres agents ayant une solde supérieure à 1,200 fr. par an. — Le supplément de résidence est fixé au tiers de la solde		"	"	"
Autres agents ayant une solde de 1,200 francs et au-dessous. — Le supplément de résidence est fixé à la moitié de la solde		"	"	"

TARIF N° 31.

INDEMNITÉ POUR FRAIS DE REPRÉSENTATION.

(Article 136.)

GRADES ET EMPLOIS.	INDEMNITÉ POUR FRAIS DE REPRÉSENTATION (A). Par an.	Par mois.	Par jour.
	fr. c.	fr. c.	fr. c.
Amiral (B)	"	"	"
Vice-amiral / Contre-amiral — Inspecteur général d'armes (C)	"	"	"
Vice-amiral commandant en chef, préfet maritime. (Voir le tarif n° 1.)	"	"	"
Commandant de la marine en Algérie	8,517 526	709 793	23 659
Contre-amiral — Major général	2,004 124	167 010	5 567
Contre-amiral — Major de la flotte	2,004 124	167 010	5 567
Capitaine de vaisseau commandant la division des équipages de la flotte — à Brest, à Toulon	1,800 000	150 000	5 000
Capitaine de vaisseau ou capitaine de frégate commandant la division des équipages de la flotte — à Cherbourg, à Lorient, à Rochefort	1,206 186	100 515	3 350
Capitaine de vaisseau président de la Commission du concours d'admission à l'École navale (D)	1,000 000	"	"

(A) Les allocations portées au tarif n° 31 sont passibles de la retenue de 3 p. o/o.
(B) Les frais de représentation des amiraux sont fixés par décret spécial.
(C) Les frais de représentation des vice-amiraux et des contre-amiraux chargés d'une mission d'inspection générale sont déterminés par le Ministre de la marine, selon l'importance et la durée des missions.
(D) Cette indemnité est payée en totalité au moment du départ en tournée d'examens.

TARIF N° 32.

SUPPLÉMENTS EN RAISON DE FONCTIONS SPÉCIALES.

GRADES ET EMPLOIS.		INDEMNITÉS OU SUPPLÉMENT. Par an.	Par mois.	Par jour.	OBSERVATIONS.
		fr. c.	fr. c.	fr. c.	
	1° OFFICIERS DE MARINE.				
Capitaine de vaisseau.	Major général de la marine (A) / Major de la flotte	1,572 630	131 050	4 368	(A) Décision présidentielle du 21 avril 1880. (*B.O.P.*733.)
Capitaine de vaisseau.	Major de la marine / Commandant une division des équipages de la flotte (B) / Directeur des mouvements du port (C) / Commandant le bâtiment central de la réserve / Examinateur de pratique des capitaines de commerce (D)	1,250 280	104 190	3 473	(B) Cette allocation est indépendante de l'indemnité pour frais de représentation fixée par le tarif n° 31. (C) Cette indemnité ne se cumule pas avec celle déjà allouée au capitaine de vaisseau remplissant en outre les fonctions de major de la flotte. (D) Ce supplément n'est alloué à l'examinateur que pendant la durée de la tournée d'examen. Le capitaine de vaisseau examinateur reçoit une indemnité de frais de tournée s'élevant à la somme brute de 3,800 francs. Cette allocation, exclusive de toute indemnité pour frais de route et de séjour, est passible de la retenue de 3 p. o/o.
Capitaine de frégate (E)	Commandant la division des équipages de la flotte (B) / Commandant en second ou major de la division / Commandant le bâtiment central de la réserve	1,004 840	83 736	2 791	(E) Les capitaines de frégate, présidents des commissions de recettes, n'ont droit à aucun supplément.

TARIF N° 32.
(*Suite.*)

SUPPLÉMENTS EN RAISON DE FONCTIONS SPÉCIALES.

GRADES ET EMPLOIS.		INDEMNITÉ OU SUPPLÉMENT. Par an.	Par mois.	Par jour.	OBSERVATIONS.
		fr. c.	fr. c.	fr. c.	
Capitaine de frégate (B) (*Suite.*)	Commandant en second le service de défense fixe des ports (A) Majorité, aide-major Majorité de la flotte, aide de camp Inspecteur du service des charbonnages Sous-directeur des mouvements du port Commissaire de la République près les conseils de guerre	1,004 840	83 736	2 791	NOTA. — Les allocations portées au tarif n° 32 sont passibles de la retenue de 5 p. o/o au profit de la Caisse des Invalides de la marine (sauf quelques exceptions indiquées dans le tarif). (A) Décret du 20 janvier 1880. (*B. O. P.* 240.) (B) Les capitaines de frégate, présidents des commissions de recettes, n'ont droit à aucun supplément. (C) Les indemnités de fonctions déterminées par le présent tarif remplacent l'indemnité *dite* de déplacement.
	Commandant en second du bâtiment central de la réserve	814 080	67 890	2 263	
	Chargé de l'instruction des réservistes Directeur des mouvements du port en Algérie Chef d'état-major du commandant de la marine en Algérie Inspecteur des électro-sémaphores	511 560	42 630	1 421	
2° MÉCANICIENS PRINCIPAUX.					
Mécanicien principal de 1re classe, adjoint au major de la flotte		814 680	67 890	2 263	
Mécanicien principal de 1re ou de 2e classe embarqué sur les bâtiments de la 2e et de la 3e catégorie de la réserve, ainsi que sur le bâtiment central		814 680	67 860	2 263	
3° ARTILLERIE. (*Usines.*)					
Officier d'artillerie.	Directeur à Ruelle	2,008 080	167 340	5 578	
	Sous-directeur à Ruelle	606 240	50 520	1 684	
	Adjoint à Ruelle	303 120	25 260	0 842	
Officiers attachés à la commission de Gavres. (C)	Colonel et assimilé Lieutenant-colonel et assimilé	1,212 480	101 040	3 368	
	Chef d'escadron et assimilé Professeur après vingt ans d'exercices	1,080 000	90 000	3 000	
	Capitaine et assimilé	756 000	63 000	2 100	
	Lieutenant et assimilé	720 000	60 000	2 000	
4° GÉNIE MARITIME.					
Directeur des constructions navales	à Brest et à Toulon	2,008 080	167 340	5 578	
	à Cherbourg, à Lorient et à Rochefort	1,004 840	83 736	2 791	
Directeur des établissements d'Indret et de la Chaussade		2,008 080	167 340	5 578	
Ingénieur	Sous-directeur à Indret	1,212 480	101 040	3 368	
	Sous-directeur à la Chaussade	814 680	67 890	2 263	
Ingénieur et sous-ingénieur en sous-ordre à Indret et à la Chaussade		303 120	25 260	0 842	
Ingénieur	Sous-directeur des constructions navales dans un port militaire	416 520	34 710	1 157	

GRADES ET EMPLOIS.	INDEMNITÉS OU SUPPLÉMENT. Par an.	Par mois.	Par jour.	OBSERVATIONS.
	fr. c.	fr. c.	fr. c.	
Ingénieur et sous-ingénieur. — Chargé du service forestier ou du service de surveillance de fabrication par l'industrie	1,004 840	83 736	2 789	(A) Dans les ports où il y a des bâtiments de servitude, il est alloué à l'officier du commissariat chargé de la comptabilité de ces bâtiments un supplément annuel de 303f 120 qui comprend l'indemnité de frais de bureau.
Ingénieur et sous-ingénieur en sous-ordre attachés au service forestier ou au service de la surveillance de fabrication par l'industrie	511 560	42 630	1 421	
5° COMMISSARIAT DE LA MARINE.				
Commissaire général à Brest et à Toulon	2,008 080	167 340	5 578	
Chef du service au Havre, à Nantes, à Bordeaux et à Marseille	2,008 080	167 340	5 578	
Commissaire général à Cherbourg, à Lorient et à Rochefort	1,004 840	83 736	2 791	
Chef du service à Dunkerque, à Saint-Servan et à Bastia	1,004 840	83 736	2 791	
Officiers du commissariat (A). — Ordonnateur en Algérie	606 240	50 520	1 684	
Officiers du commissariat (A). — Trésorier des divisions des équipages de la flotte — à Brest et à Toulon	606 240	50 520	1 684	
Officiers du commissariat (A). — Trésorier des divisions des équipages de la flotte — à Cherbourg, Lorient et Rochefort	416 520	34 710	1 157	
Officiers du commissariat (A). — Secrétaires des conseils d'administration et chefs des secrétariats des préfets et des commissaires généraux — à Brest et à Toulon	416 520	34 710	1 157	
Officiers du commissariat (A). — Secrétaires des conseils d'administration et chefs des secrétariats des préfets et des commissaires généraux — à Cherbourg, à Lorient, à Rochefort	303 120	25 260	0 842	
Officiers du commissariat (A). — Trésoriers — Sur un bâtiment ayant un effectif de 601 hommes et au-dessus	814 680	67 890	2 263	
Officiers du commissariat (A). — Trésoriers — Sur un bâtiment ayant un effectif de 501 à 600 hommes	606 240	50 520	1 684	
Officiers du commissariat (A). — Trésoriers — Sur un bâtiment ayant un effectif de 301 à 500 hommes	416 520	34 710	1 157	
Officiers du commissariat (A). — Trésoriers — Sur un bâtiment ayant un effectif de 201 à 300 hommes	303 120	25 260	0 842	
Officiers du commissariat (A). — Trésoriers — Sur un bâtiment ayant un effectif de 101 à 200 hommes	208 080	17 340	0 578	
Officiers du commissariat (A). — Trésoriers — Sur un bâtiment ayant un effectif de 45 à 100 hommes	103 400	9 450	0 315	
Officiers du commissariat (A). — Officier d'administration des bâtiments de la réserve — Bâtiment central de la réserve — à Cherbourg, à Brest et à Toulon	606 240	50 520	1 684	
Officiers du commissariat (A). — Officier d'administration des bâtiments de la réserve — Bâtiment central de la réserve — à Lorient et à Rochefort	416 520	34 710	1 157	
Officiers du commissariat (A). — Officier d'administration des bâtiments de la réserve — Vaisseaux, frégates, transports au-dessus de 1,200 tonneaux, et corvettes en 1re catégorie	208 080	17 340	0 578	
Officiers du commissariat (A). — Officier d'administration des bâtiments de la réserve — Bâtiments inférieurs en 1re catégorie	103 400	9 450	0 315	
6° INSPECTION DE LA MARINE.				
Inspecteur adjoint — à Indret	1,212 480	101 040	3 368	
Inspecteur adjoint — à la Chaussade	814 680	67 890	2 263	

TARIF N° 32.
(*Suite.*)

SUPPLÉMENTS EN RAISON DE FONCTIONS SPÉCIALES.

GRADES ET EMPLOIS.	INDEMNITÉS OU SUPPLÉMENT. Par an.	Par mois.	Par jour.
	fr. c.	fr. c.	fr. c.
7° CORPS DE SANTÉ DE LA MARINE.			
Officiers du corps de santé de la Marine. — Attaché à la division des équipages de la flotte. — Médecin principal........	814 680	67 890	2 263
Officiers du corps de santé de la Marine. — Attaché à la division des équipages de la flotte. — Médecin de 1re classe.....	606 240	50 520	1 684
Officiers du corps de santé de la Marine. — Attaché à la division des équipages de la flotte. — Médecin de 2e classe......	416 520	34 710	1 157
Officiers du corps de santé de la Marine. — Attaché à la division des équipages de la flotte. — Aide-médecin............	208 080	17 340	0 578
Officiers du corps de santé de la Marine. — Attachés à.. Indret................. Ruelle.................. La Chaussade............	303 120	25 260	0 842
Officiers du corps de santé de la Marine. — Embarqués sur les bâtiments de la 2e et de la 3e catégorie de la réserve, ainsi que sur le bâtiment central..... Médecin de 1re classe......	606 240	50 520	1 684
Officiers du corps de santé de la Marine. — Embarqués sur les bâtiments de la 2e et de la 3e catégorie de la réserve, ainsi que sur le bâtiment central..... Médecin de 2e classe......	416 520	34 710	1 157
8° PERSONNEL ADMINISTRATIF DES DIRECTIONS DE TRAVAUX.			
Agent administratif (A). — Chargé en chef du service, à Indret................	1,004 840	83 730	2 791
Agent administratif (A). — Chargé en chef du service, à La Chaussade...........	814 680	67 890	2 263
Agent administratif (A). — Chargé en chef du service, à Ruelle..................	606 240	50 520	1 684
Agent administratif (A). — Caissier à... Indret.................. La Chaussade	303 120	25 260	0 842
Agent administratif (A). — Trésorier dans les directions de travaux des ports et des établissements hors des ports.	264 960	22 080	0 736
9° COMPTABLES DES MATIÈRES (B).			
10° TRIBUNAUX MARITIMES (C).			
Commissaires rapporteurs près le 1er tribunal maritime permanent. — Brest.................. Toulon	814 680	67 890	2 263
Commissaires rapporteurs près le 1er tribunal maritime permanent. — Cherbourg.............. Lorient et Rochefort......	606 240	50 520	1 684
11° ÉCOLES.			
École navale.			
Examinateurs (des divers corps) des élèves de l'École navale pour les examens de sortie (D).............. Lieutenant de vaisseau et professeur d'hydrographie chargé d'un cours à l'École navale............... Mécanicien principal, chargé du cours des machines à l'École navale..................................	814 680	67 890	2 263
École d'application des aspirants.			
Officiers des différents corps de la marine chargés d'un cours à bord du bâtiment-école d'application .... — Lieutenant de vaisseau....	814 680	67 890	2 263
Officiers des différents corps de la marine chargés d'un cours à bord du bâtiment-école d'application .... — Mécanicien principal...... Sous-ingénieur........... Officier du commissariat... Médecin major...........	511 560	42 630	1 421
Officiers des différents corps de la marine chargés d'un cours à bord du bâtiment-école d'application .... — Capitaine d'artillerie...... Capitaine d'infanterie.....	(E)	(E)	(E)

OBSERVATIONS.

(A) Les agents administratifs chargés des fonctions de trésorier dans les directions des travaux des ports et des établissements hors des ports reçoivent, en outre, à titre d'indemnité de responsabilité, (passible de la retenue de 3 p. o/o) payables sur les fonds *Salaires d'ouvriers* 25 centimes par 1,000 francs sur le montant des sommes encaissées par le conseil d'administration et jusqu'à concurrence de 750 fr. par an. Le payement de cette indemnité a lieu en fin d'année. (Art. 20 du règlement du 7 février 1865.)

(B) Les suppléments qui peuvent être accordés au personnel des comptables sont réglés par des décisions spéciales du Ministre.
Indemnité de responsabilité. (Voir tarif n° 41.)

(C) Décret du 9 juin 1877. Ces allocations sont payées sur les crédits du chapitre : *Justice maritime*.

(D) Les examinateurs reçoivent une indemnité de 300 francs payée en fin d'examen (passible de la retenue de 3 p. o/o).

(E) Le capitaine d'artillerie et le capitaine d'infanterie, embarqués comme professeurs sur le bâtiment-école d'application des aspirants, ont droit à la solde allouée aux officiers employés dans les écoles militaires. (Tarif n° 14 de l'arrêté du 26 mai 1879, *Bulletin officiel* 1e semestre, page 1072.)

SUPPLÉMENTS EN RAISON DE FONCTIONS SPÉCIALES.

GRADES ET EMPLOIS.	INDEMNITÉ OU SUPPLÉMENT. Par an.	Par mois.	Par jour.	OBSERVATIONS.
	fr. c.	fr. c.	fr. c.	
Écoles des défenses sous-marines.				
Capitaine de frégate, professeur	1,212 480	101 040	3 368	(A) Même règle d'allocation que pour les officiers d'artillerie et d'infanterie embarqués sur le bâtiment-école d'application des aspirants.
Lieutenant de vaisseau, professeur	814 680	67 890	2 263	
Lieutenant de vaisseau secrétaire du Conseil d'instruction et de la Commission d'expériences	511 560	42 630	1 421	
Capitaine d'artillerie	(A)	(A)	(A)	(B) Passible de la retenue de 3 p. o/o.
Mécanicien principal instructeur des torpilles	814 680	67 890	2 263	
École de canonnage.				(C) Dans le cas où une même personne fait plus d'un cours, le supplément qu'elle touche ne peut dépasser 1,200[f] par an. (*Article 17 du 14 février 1868*, B. O. p. 180.)
Officier d'artillerie (A)	//	//	//	
École du génie maritime.				(D) Leur traitement est fixé dans chaque cas par le Ministre.
Directeur de l'école	2,008 080	167 340	5 578	
Ingénieurs et sous-ingénieurs professeurs	1,004 840	83 736	2 791	
Commis dessinateur chargé de la comptabilité de l'école	(B) 400 000	33 333	1 111	
Cours et conférences. (C)				
Officier supérieur et assimilé chargé d'un cours	511 560	42 630	1 421	
Officier inférieur et assimilé chargé d'un cours	264 960	22 080	0 736	
Professeur d'hydrographie chargé du cours des sous-officiers des corps de troupe	606 240	50 520	1 684	
Officier supérieur du commissariat chargé du cours des élèves-commissaires	1,212 480	101 040	3 368	
Sous-commissaire adjoint comme professeur suppléant à l'officier supérieur chargé du cours des élèves-commissaires	814 680	67 890	2 263	
Cours de comptabilité des fourriers.				
Officier du commissariat professeur des caporaux-fourriers des équipages de la flotte	416 520	34 710	1 157	
ÉCOLE DE MAISTRANCE.				
École de maistrance.				
Professeur (B) d'arithmétique, d'algèbre et de géométrie	814 680	67 890	2 263	
Professeur (B) de géométrie descriptive	208 080	17 340	0 578	
Professeur (B) de mécanique, de charpentage et de machine à vapeur	606 240	50 520	1 684	
Professeur (B) de langue française	303 120	25 260	0 842	
Professeur (B) de dessin	(D) 303 120	(D) 25,260	(D) 0 842	

TARIF N° 32.
(*Suite.*)

SUPPLÉMENTS EN RAISON DE FONCTIONS SPÉCIALES.

GRADES ET EMPLOIS.	INDEMNITÉ OU SUPPLÉMENT. Par an.	Par mois.	Par jour.	OBSERVATIONS.
	fr. c.	fr. c.	fr. c.	
Professeurs civils	//	//	//	(A) Passible de la retenue de 3 p. o/o.
Chef contremaître ou contremaître répétiteur chargé de la police de l'école (B)	(A) 300 000	25 000	0 833	(B) Ce supplément peut-être progressivement augmenté par le Ministre jusqu'à 500 francs. (*Décret du 6 mars 1877.*)
ÉCOLE SUPÉRIEURE DE MAISTRANCE.				
Professeur (C) d'algèbre, de trigonométrie et de courbes usuelles				(C) Dans le cas où une même personne fait plus d'un cours, le supplément qu'elle touche ne peut dépasser 1,200 francs par an. (*Art. 17 du 14 février 1868, B. O.* p. 180.)
Professeur (C) de notion sur les fonctions et de géométrie descriptive				
Professeur (C) de mécanique appliquée	814 680	67 890	2 263	(D) Leur traitement est fixé dans chaque cas par le Ministre.
Professeur (C) de physique et de chimie				
Professeur (C) de machine à vapeur				
Professeur (C) de langue française et de comptabilité				(E) Ce supplément, passible de la retenue de 3 p. o/o, peut être progressivement augmenté par le Ministre jusqu'à 500 francs par an. (*Décret du 6 mars 1877.*)
Professeur (C) de dessin (enseignement général et surveillance des dessins de charpentage ou de machine)	511 560	42 630	1 421	
Professeur (C) de dessin (surveillance des dessins de machine ou de charpentage)	303 120	23 260	0 842	(F) Arrêté ministériel du 29 septembre 1879. (*B. O.* p. 848.)
Professeur civil	(D)	(D)	(D)	(G) Et une indemnité de 180 francs par an pour le logement, passible de la retenue de 3 p. o/o.
Chef contremaître ou contremaître répétiteur chargé de la police de l'école, ainsi que des manipulations relatives aux leçons de physique et de chimie (E)	(E) 300 000	25 000	0 833	(H) Les répétiteurs (maîtres et seconds maîtres mécaniciens) reçoivent un supplément de 90 centimes par jour. Les moniteurs des travaux manuels (seconds maîtres et quartiers-maîtres mécaniciens) ont un supplément de 60 centimes par jour, passible de la retenue de 3 p. o/o. (*Décret du 13 février 1879.*)
ÉCOLE ÉLÉMENTAIRE D'APPRENTIS.				
Chef contremaître ou contremaître chargé d'assurer la police de l'école et de seconder le professeur (F)	250 000	20 833	0 694	
Établissement des pupilles de la marine.				
Officier commandant de l'établissement	1,004 840	83 736	2 791	(I) Passible de la retenue de 3 p. o/o au profit de la Caisse des Invalides de la marine.
Officier commandant en second	264 960	22 080	0 736	
Sous-commissaire, trésorier	416 520	34 710	1 157	
Personnel instituteur, par personne chargée de l'enseignement (G)	600 000	50 000	1 666	
École des mécaniciens (H).				
Capitaine de vaisseau	1,250 280	104 190	3 473	
Capitaine de frégate, second	1,004 840	83 736	2 791	
Mécanicien principal professeur. Supplément équivalent à celui de réserve	814 680	67 890	2 263	
Mécanicien principal professeur. Supplément de professorat	814 680	67 890	2 263	
Professeur d'hydrographie chargé du cours. Supplément équivalent au supplément de réserve des mécaniciens principaux	814 680	67 890	2 263	
Professeur d'hydrographie chargé du cours. Supplément de professorat	814 680	67 890	2 263	
Premier maître mécanicien professeur, chargé de l'atelier	(I) 600 000	50 000	1 666	

TARIF N° 33.

Supplément alloué aux officiers de marine occupant à terre certains emplois déterminés (article 92 du décret), ou embarqués sur les bâtiments de la deuxième et de la troisième catégorie de la réserve ou sur le bâtiment central.

GRADES ET EMPLOIS.			SUPPLÉMENT. Par an.	Par mois.	Par jour.	OBSERVATIONS.
			fr. c.	fr. c.	fr. c.	
Lieutenant de vaisseau de 1re et de 2e classe (B).		Embarqué sur les bâtiments de la 2e et de la 3e catégorie de la réserve (A) et sur le bâtiment central				(A) Cette indemnité est de 511 fr 56 cent. par an pour le lieutenant de vaisseau en second. (B) Un supplément de solde de 530 fr. 526 par an est alloué aux lieutenants de vaisseau ayant douze années de service dans ce grade. (Art. 94 du décret.) (C) S'ils font partie du cadre déterminé par la circulaire du 10 février 1859. (*Bulletin officiel*, page 64.) NOTA. — Il peut être accordé, à titre de supplément aux lieutenants de vaisseau du cadre de résidence fixe, deux augmentations successives de solde. La première de ces augmentations est de 750 francs par an (756 francs) et la seconde de 800 fr. (814 fr. 68). (Art. 4 du décret du 25 juillet 1873. *Bulletin officiel*, p. 74.) Les lieutenants de vaisseau attachés à la succursale de Landévennec (Brest) n'ont droit à aucun supplément de solde. Considérés comme embarqués, ils reçoivent avec la solde à la mer une allocation de traitement de table et des frais de bureau. NOTA. — Les allocations portées au tarif n° 33 sont passibles de la retenue de 5 p. o/o au profit de la Caisse des Invalides.
	Division des équipages de la flotte.	Major de la division à Cherbourg				
		Adjudant-major				
		Trésorier				
		Capitaine d'habillement				
		Capitaine d'armement				
		Officier de compagnie				
		Officier chargé de l'instruction des réservistes				
	Majorité générale.	Sous-aide-major				
		Secrétaire				
		Chargé des archives				
	Majorité de la flotte.	Secrétaire				
		Adjoint				
		Chargé de l'observatoire				
	Mouvements du port.	Chargé du port et de la rade.				
		— de la garniture	264 960	22 080	0 736	
		— des gabiers				
		— de la voilerie				
		— des pompiers				
		— de la garde de l'arsenal (C)				
		Officier détaché à l'École de pyrotechnie				
		Rapporteur près les conseils de guerre				
		Secrétaire de la Commission des défenses sous-marines				
		Chargé du cours des torpilles				
		Directeur des mouvements d'un port de commerce				
		Attaché au service de la défense fixe des ports				
		Substitut du 1er conseil de guerre				
	Algérie	Aide de camp ou officier d'ordonnance				
		Secrétaire				
		Directeur des mouvements du port				
Enseigne de vaisseau.		Division des équipages de la flotte				
		Officier de compagnie ou suivant le cours à Lorient				
		Chef de groupe dans la réserve	264 960	22 080	0 736	
		Chargé de l'instruction des réservistes				
		Attaché à la défense fixe des ports				
Algérie		Officier d'ordonnance ou secrétaire				

TARIF N° 34.

ÉCOLES D'HYDROGRAPHIE, FRAIS D'ÉCOLE.

GRADES OU EMPLOIS.	FRAIS D'ÉCOLE			OBSERVATIONS.
	PAR AN.	PAR MOIS.	PAR JOUR.	
	fr. c.	fr. c.	fr. c.	
Écoles de 1re classe.....	612 371	51 030	1 701	NOTA. — Allocations passibles de la retenue de 3 p. o/o au profit de la Caisse des Invalides de la marine.
Écoles de 2e classe.....	501 031	41 752	1 391	
Écoles de 3e classe.....	408 247	34 020	1 134	
Écoles de 4e classe.....	303 128	25 260	0 842	

TARIF N° 35.

FRAIS DE SERVICE ALLOUÉS AUX COMMISSAIRES DE L'INSCRIPTION MARITIME ET AUX ADMINISTRATEURS DES SOUS-QUARTIERS. (ART. 108.)

ARRONDISSEMENTS MARITIMES.	QUARTIERS ET SOUS-QUARTIERS.	ALLOCATION ATTRIBUÉE AUX OFFICIERS (A) — LOGÉS À LEURS FRAIS (1).			ALLOCATION ATTRIBUÉE AUX OFFICIERS (A) — LOGÉS AUX FRAIS DE L'ÉTAT (2).			OBSERVATIONS.
		Par an.	Par mois.	Par jour.	Par an.	Par mois.	Par jour.	
		fr. c.	fr. c.	fr. c.	fr. c.	fr. c.	fr c.	
1er arrondissement.	Dunkerque..........	"	"	"	1,002 062	83 505	2 783	Logé dans un bâtiment de l'État. (Décision du 5 février 1866.)
	Gravelines..........	"	"	"	612 371	51 030	1 701	Logé aux frais de l'État. (Décision du 6 février 1867.)
	Calais..............	"	"	"	1,002 062	83 505	2 783	Logé aux frais de l'État. (Décision du 23 mai 1855.)
	Boulogne...........	"	"	"	1,206 186	100 515	3 350	Logé aux frais de l'État. (Décision du 26 mai 1854.)
	Saint-Valery-sur-Somme.	"	"	"	816 495	68 041	2 268	Logé aux frais de l'État. (Décision du 6 février 1867.)
	Le Tréport..........	"	"	"	501 031	41 752	1 391	Logé aux frais de l'État. (Décision du 17 mai 1878.)
	Dieppe.............	"	"	"	1,206 186	100 515	3 350	Logé aux frais de l'État. (Décision du 4 mai 1861.)
	Fécamp.............	"	"	"	816 495	68 041	2 268	Logé aux frais de l'État. (Décision du 9 janvier 1873.)
	Saint-Valery-en-Caux...	"	"	"	501 031	41 752	1 391	Logé aux frais de l'État. (Décision du 28 juin 1878.)
	Le Havre...........	1,410 301	117 525	3 917	"	"	"	
	Rouen..............	"	"	"	1,410 301	117 525	3 917	Logé aux frais de l'État. (Décision du 24 avril 1876.)
	Honfleur...........	"	"	"	816 495	83 505	2 783	Logé aux frais de l'État. (Décision du 19 novembre 1879.)
	Trouville...........	"	"	"	612 371	51 030	1 701	Logé aux frais de l'État. (Décision du 24 juin 1868.)
	Caen...............	"	"	"	1,002 062	83 505	2 783	Logé aux frais de l'Etat. (Décision du 30 avril 1861.)
	Courseulles..........	"	"	"	501 031	41 752	1 391	Logé aux frais de l'Etat. (Décision du 30 juin 1879.)
	Isigny..............	"	"	"	501 031	41 752	1 391	Logé aux frais de l'État. (Décision du 30 juin 1879.)
	La Hougue..........	"	"	"	816 495	68 041	2 268	Logé aux frais de l'État. (Décision du 30 juin 1879.)
	Cherbourg..........	315 464	26 288	0 876	"	"	"	

(1) Les commissaires de l'inscription maritime et les administrateurs des sous-quartiers, qui supportent actuellement les frais de location de leur logement particulier et de leurs bureaux, continueront à recevoir les indemnités déterminées par la colonne n° 1 du présent tarif, jusqu'au jour où il sera pourvu par l'État aux frais de location dont il s'agit.

(2) Dans les ports militaires ainsi que dans les chefs-lieux de sous-arrondissements, excepté Dunkerque, les commissaires de l'inscription maritime occupent des bureaux situés dans des immeubles appartenant à l'État, mais ils pourvoient à leurs frais à leur logement particulier, comme tous les autres officiers des divers corps de la marine en résidence dans les ports. Il n'y a pas eu, par suite, à prévoir d'indemnité dans la colonne n° 2 pour les commissaires de l'inscription maritime.

(A) Les allocations portées au tarif n° 35 sont passibles de la retenue de 3 p. o/o au profit de la Caisse des Invalides de la marine.

Tarif n° 35. *(Suite.)*

FRAIS DE SERVICE ALLOUÉS AUX COMMISSAIRES DE L'INSCRIPTION MARITIME ET AUX ADMINISTRATEURS DES SOUS-QUARTIERS (Art. 108,)

ARRONDISSEMENTS MARITIMES.	QUARTIERS ET SOUS-QUARTIERS.	ALLOCATION ATTRIBUÉE AUX OFFICIERS (A). LOGÉS À LEURS FRAIS (1). Par an.	Par mois.	Par jour.	LOGÉS AUX FRAIS DE L'ÉTAT (2). Par an.	Par mois.	Par jour.	OBSERVATIONS.
		fr. c.	fr. c.	fr. c.	fr. c.	fr. c.	fr. c.	
2e arrondissement.	Régneville	//	//	//	501 031	41 752	1 391	Logé aux frais de l'État. (Décision du 23 mars 1878.)
	Granville	//	//	//	1,113 402	92 783	3 092	Logé aux frais de l'État. (Décision du 11 juin 1880.)
	Saint-Malo	1,503 093	125 257	4 175	1,113 402	92 783	3 092	
	Cancale	//	//	//	705 155	58 762	1 958	Logé aux frais de l'État. (Décision du 5 juillet 1878.)
	Dinan	//	//	//	909 278	75 773	2 525	Logé aux frais de l'État. (Décision du 31 décembre 1878.)
	Saint-Brieuc	//	//	//	1,002 062	83 505	2 783	Logé aux frais de l'État. (Décision du 20 février 1880.)
	Binic	//	//	//	408 247	34 020	1 134	Logé aux frais de l'État. (Décision du 11 juin 1879.)
	Paimpol	//	//	//	612 371	51 030	1 701	Logé aux frais de l'État. (Décision du 31 août 1879.)
	Tréguier	//	//	//	408 247	34 020	1 134	Logé aux frais de l'État. (Décision du 22 février 1877.)
	Lannion	//	//	//	501 031	41 752	1 391	Logé aux frais de l'État. (Décision du 5 octobre 1878.)
	Morlaix	//	//	//	816 495	68 041	2 268	Logé aux frais de l'État. (Décision du 15 mars 1877.)
	Roscoff	//	//	//	501 031	41 752	1 391	Logé aux frais de l'État. (Décision du 14 septembre 1879.)
	Le Conquet	//	//	//	612 371	51 030	1 701	Logé aux frais de l'État. (Décision du 12 août 1868.)
	Brest	408 247	34 020	1 134	//	//	//	
	L'Abervrach	//	//	//	612 371	51 030	1 701	Logé aux frais de l'État. (Décision du 25 septembre 1860.)
	Camaret	//	//	//	612 371	51 030	1 701	Logé aux frais de l'État. (Décision du 13 octobre 1875.)
	Douarnenez	//	//	//	909 278	75 773	2 525	Logé aux frais de l'État. (Décision du 19 février 1861.)
	Audierne	//	//	//	408 247	34 020	1 134	Logé aux frais de l'État. (Décision du 12 mars 1878.)
	Quimper	//	//	//	909 278	75 773	2 525	Logé aux frais de l'État. (Décision du 1er avril 1880.)
	Concarneau	//	//	//	612 371	51 030	1 701	Logé aux frais de l'État. (Décision du 31 décembre 1868.)
3e arrondissement.	Lorient	315 464	26 288	0 876	//	//	//	
	Ile de Groix	909 278	75 773	2 525	315 464	26 288	0 876	
	Auray	//	//	//	816 495	68 041	2 268	Logé aux frais de l'État. (Décision du 9 mai 1879.)
	Vannes	//	//	//	1,002 062	83 505	2 783	Logé aux frais de l'État. (Décision du 31 décembre 1868.)
	Belle-Isle	1,614 433	134 536	4 484	816 495	68 041	2 268	
	Le Croisic	//	//	//	705 155	58 762	1 958	Logé aux frais de l'État. (Décision du 11 décembre 1870.)
	Paimbœuf	//	//	//	501 031	41 752	1 391	Logé aux frais de l'État. (Décision du 24 mai 1879.)
	Nantes	1,113 402	92 783	3 092	//	//	//	
	Saint-Nazaire	//	//	//	1,410 301	117 525	3 917	Logé aux frais de l'État. (Décision du 2 sept. 1862 et déc. présid. du 30 déc. 1876.)
4e arrondissement.	Noirmoutier	//	//	//	612 371	51 030	1 701	Logé aux frais de l'État. (Décision du 13 juin 1879.)
	Les Sables-d'Olonne	1,614 433	134 536	4 484	1,206 186	100 515	3 350	
	Saint-Gilles	//	//	//	612 371	51 030	1 701	Logé dans un établ. appartenant à l'Etat. (D. du 17 oct. 1867.)
	Ile-d'Yeu	612 371	51 030	1 701	501 031	41 752	1 391	
	Marans	//	//	//	501 031	41 752	1 391	Logé aux frais de l'État. (Décision du 31 décembre 1878.)
	La Rochelle	//	//	//	816 495	68 041	2 268	Logé aux frais de l'État. (Décision du 26 octobre 1878,)
	Ile de Ré	816 495	68 041	2 268	408 247	34 020	1 134	
	Ile d'Oléron	//	//	//	501 031	41 752	1 391	Logé aux frais de l'État. (Décision du 20 mai 1879.)
	Rochefort	315 464	26 288	0 876	//	//	//	

Voir les notes à la page 140.

TARIF N° 35.
(*Suite.*)

FRAIS DE SERVICE ALLOUÉS AUX COMMISSAIRES DE L'INSCRIPTION MARITIME ET AUX ADMINISTRATEURS DES SOUS-QUARTIERS (ART. 108.)

ARRONDISSEMENTS MARITIMES.	QUARTIERS ET SOUS-QUARTIERS.	ALLOCATION ATTRIBUÉE AUX OFFICIERS (A). LOGÉS À LEURS FRAIS (1). Par an.	Par mois.	Par jour.	LOGÉS AUX FRAIS DE L'ÉTAT (2). Par an.	Par mois.	Par jour.	OBSERVATIONS.
		fr. c.	fr. c.	fr. c.	fr. c.	fr. c.	fr. c.	
4ᵉ arrondissement. (*Suite.*)	Saintes	//	//	//	816 495	68 041	2 268	Logé dans un établ. appartenant à l'État. (D. du 5 juillet 1866.)
	Marennes	//	//	//	705 155	58 762	1 958	Logé aux frais de l'État. (Décision du 7 janvier 1879.)
	Royan	2,004 124	167 010	5 567	1,317 526	109 793	5 659	
	Blaye	816 495	68 041	2 268	612 371	51 030	1 701	
	Pauillac	//	//	//	705 155	58 162	1 958	Logé aux frais de l'Etat. (Décision du 26 septembre 1873.)
	Libourne	//	//	//	705 155	58 762	1 958	Logé aux frais de l'Etat. (Décision du 24 janvier 1879.)
	Bordeaux	1,206 186	100 515	3 350	//	//	//	
	Langon	//	//	//	612 371	51 030	1 701	Logé aux frais de l'État. (Décision du 4 juin 1879.)
	La Teste	1,410 301	117 525	3 917	1,206 186	100 515	3 350	
	Dax	//	//	//	501 031	41 752	1 391	Logé aux frais de l'État. (Décision du 30 juillet 1858.)
5ᵉ arrondissement.	Bayonne	//	//	//	909 278	75 773	2 525	Logé aux frais de l'État. (Décision du 15 février 1866.)
	Saint-Jean-de-Luz	//	//	//	705 155	58 762	1 958	Logé aux frais de l'État. (Décision du 7 janvier 1879.)
	Port-Vendres	//	//	//	1,113 402	92 783	3 092	Logé dans un établissement appartenant à l'État. (Décision du 1ᵉʳ octobre 1869.)
	Saint-Laurent-de-la-Salanque	//	//	//	501 031	41 752	1 391	Logé aux frais de l'État. (Décision du 9 avril 1880.)
	Narbonne	//	//	//	705 155	58 762	1 958	Logé aux frais de l'État. (Décision du 22 sept. 1879.)
	Agde	//	//	//	1,002 062	68 041	2 783	
	Cette	//	//	//	816 495	83 505	2 268	Logé aux frais de l'État. (Décision du 17 août 1860.)
	Arles	909 278	75 773	2 525	705 155	58 762	1 958	
	Martigues	//	//	//	705 155	58 762	1 958	Logé aux frais de l'État. (Décision du 24 juin 1879.)
	Marseille	1,614 433	134 536	4 484	//	//	//	
	La Ciotat	909 278	75 773	2 525	705 155	58 762	1 958	
	La Seyne	909 278	75 773	2 525	408 247	34 020	1 134	
	Toulon	408 247	34 020	1 134	//	//	//	
	Saint-Tropez	//	//	//	612 371	51 030	1 701	Logé aux frais de l'État. (Décision du 8 juillet 1879.)
	Antibes	1,002 062	83 505	2 783	816 495	68 041	2 268	
	Cannes	//	//	//	612 371	51 030	1 701	Logé aux frais de l'État. (Décision du 17 août 1860.)
	Nice	//	//	//	1,410 301	117 525	3 917	Logé dans un établ. appartenant à l'État. (D. du 1ᵉʳ juin 1860.)
	Villefranche	//	//	//	501 031	41 752	1 391	Logé dans un établ. appartenant à l'État. (D. du 1ᵉʳ juin 1860.)
	Bastia	909 278	75 773	2 525	//	//	//	
	Ajaccio	//	//	//	612 371	51 030	1 701	Logé aux frais de l'État. (Décision du 25 juillet 1879.)
Algérie (A).	Oran	1,206 186	100 515	3 350	//	//	//	(A) Décision présidentielle du 30 juin 1880. (*B. O.* p. 6.).
	Alger	909 278	75 773	2 525	//	//	//	
	Bône	909 278	75 773	2 525	//	//	//	
	Philippeville	909 278	75 773	2 525	//	//	//	
	La Calle	909 278	75 773	2 525	//	//	//	

Voir les notes de la page 80.

Tarif n° 36.

INDEMNITÉ DE LOGEMENT ET D'AMEUBLEMENT. (Art. 95 et suivants.)

GRADES OU EMPLOIS.	FIXATION DE L'INDEMNITÉ (a)																	
	DE LOGEMENT.									D'AMEUBLEMENT.								
	En Europe.			À Paris et en Algérie.			Aux colonies.			En Europe.			À Paris et en Algérie.			Aux colonies.		
	Par an.	Par mois.	Par jour.	Par an.	Par mois.	Par jour.	Par an.	Par mois.	Par jour.	Par an.	Par mois.	Par jour.	Par an.	Par mois.	Par jour.	Par an.	Par mois.	Par jour.
	fr. c.	fr. c.	fr. c.	fr. c.	fr. c.	fr. c.	fr. c.	fr. c.	fr. c.	fr. c.	fr. c.	fr. c.	fr. c.	fr. c.	fr. c.	fr. c.	fr. c.	fr. c.
Vice-amiral	1,800 000	150 000	5 000	2,709 360	225 780	7 526	3,600 000	300 000	10 000	606 240	50 520	1 684	909 360	75 780	2 526	1,212 480	101 040	3 368
Contre-amiral, inspecteur général du génie maritime, inspecteur général du service de santé	1,212 480	101 040	3 368	1,800 000	150 000	5 000	2,406 240	200 520	6 684	416 520	34 710	1 157	606 240	50 520	1 684	814 680	67 890	2 263
Directeur des constructions navales, ingénieur hydrographe en chef, commissaire général, inspecteur en chef, directeur du service de santé, inspecteur adjoint du service de santé, examinateur d'hydrographie, trésorier général des Invalides	1,212 480	101 040	3 368	1,800 000	150 000	5 000	2,406 240	200 520	6 684	416 520	34 710	1 157	606 240	50 520	1 684	814 680	67 890	2 263
Capitaine de vaisseau, ingénieur de 1re classe (génie maritime et hydrographes), commissaire, inspecteur, médecin en chef, commissaire rapporteur à Brest, et Toulon (ancienne formation)	966 240	80 520	2 684	1,440 000	120 000	4 000	1,932 480	161 040	5 368	321 840	26 820	0 894	492 480	41 040	1 368	644 040	53 670	1 789
Capitaine de frégate, ingénieur de 2e classe (génie maritime et hydrographes), professeurs d'hydrographie de 1re classe	852 480	71 040	2 368	1,269 360	105 780	3 526	1,686 240	140 520	4 684	284 040	23 670	0 789	435 600	36 300	1 210	568 080	47 340	1 578
Mécanicien en chef, commissaire-adjoint, inspecteur-adjoint, agent administratif principal, agent de manutention principal, médecin et pharmacien professeur ou principal, trésorier des Invalides de 1re cl.	720 000	60 000	2 000	1,080 000	90 000	3 000	1,440 000	120 000	4 000	246 240	20 520	0 684	360 000	30 000	1 000	492 480	41 040	1 368
Lieutenant de vaisseau, mécanicien principal de 1re classe, sous-ingénieur de 1re et de 2e classe (génie maritime et hydrographes), sous-commissaire, agent administratif, agent de manutention, médecin et pharmacien de 1re classe, greffier à Brest (ancienne formation), aumônier de 1re et de 2e classe, professeur d'hydrographie de 2e classe, trésorier des Invalides de 2e classe	360 000	30 000	1 000	549 360	45 780	1 526	720 000	60 000	2 000	189 360	15 780	0 526	284 040	23 670	0 789	360 000	30 000	1 000
Enseigne de vaisseau, mécanicien principal de 2e classe, chef de musique des divisions des équipages de la flotte, sous-ingénieur de 3e classe (génie maritime et hydrographes), aide-commissaire, sous-agent administratif, sous-agent de manutention, médecin et pharmacien de 2e classe, professeur d'hydrographie de 3e classe, trésorier des Invalides de 3e classe	246 315	20 526	0 684	378 947	31 578	1 052	492 631	41 052	1 368	132 631	11 052	0 368	189 473	15 789	0 526	246 315	20 526	0 684
Aspirant de 1re classe, élève du génie maritime, élève-ingénieur hydrographe, aide-médecin et aide-pharmacien	246 315	20 526	0 684	»	»	»	492 631	41 052	1 368	132 631	11 052	0 368	189 473	15 789	0 526	246 315	20 526	0 684
Aspirant de 2e classe	246 315	20 526	0 684	»	»	»	»	»	»	132 631	11 052	0 368	»	»	»	»	»	»

TARIF N° 37.

INDEMNITÉ EXTRAORDINAIRE EN RASSEMBLEMENT. (ART. 107.)

GRADES ET EMPLOIS	IMDEMNITÉ (A).		OBSERVATIONS.
	Par mois.	Par jour.	
	fr. c.	fr. c.	
Officier supérieur et assimilé	60 000	2 000	NOTA. L'indemnité extraordinaire en rassemblement peut, en raison des circonstances et par décision ministérielle, être réduite à un taux inférieur à celui de ce tarif. (Art. 107 du décret.) — Toulon, 303 fr. 120 par an : officiers supérieurs et officiers inférieurs.
Lieutenant de vaisseau et assimilé	41 040	1 368	
Enseigne de vaisseau et assimilé	31 578	1 052	

(A) Passible de la retenue de 5 p. o/o au profit de la Caisse des Invalides de la marine.

TARIF N° 38.

TRAITEMENT DE TABLE.

GRADES.	ALLOCATION JOURNALIÈRE (A).			OBSERVATIONS.
	SUR LE PIED de France. — Col. n° 1.	SUR LE PIED COLONIAL. Col. n° 2.	SUR LE PIED COLONIAL. Col. n° 3.	
	fr. c.	fr. c.	fr. c.	
Amiral commmandant une armée navale (B)	//	//	//	(A) Allocation passible de la retenue de 3 p. o/o au profit de la Caisse des Invalides de la marine. (B) L'amiral commandant une armée navale reçoit, à titre de traitement extraordinaire, des frais de représentation tenant lieu de tout traitement de table. Ces frais de représentation sont fixés par décret. (Art. 149.) Même observation pour le vice-amiral pourvu d'une commission d'amiral.
Vice-amiral pourvu d'une commission d'amiral commandant une armée navale (B)	//	//	//	
Vice-amiral. Commandant en chef. Présent à bord	60 000	75 000	80 000	
Vice-amiral. Commandant en chef. En mission hors du bord (Art. 179)	50 000	62 500	66 666	
Vice-amiral. Commandant une division. Présent à bord	50 000	62 500	66 666	
Vice-amiral. Commandant une division. En mission hors du bord (Art. 179)	40 000	50 000	53 333	
Contre-amiral. Commandant en chef. Présent à bord	55 000	68 750	73 333	
Contre-amiral. Commandant en chef. En mission hors du bord. (Art. 179)	45 000	56 250	60 000	
Contre-amiral. Commandant une division. Présent à bord	45 000	56 250	60 000	
Contre-amiral. Commandant une division. En mission hors du bord (Art. 179)	35 000	43 750	46 666	
Officier général et officier commandant. — Allocation spéciale pour les officiers supérieurs des divers corps désignés dans les articles 151 et 152 ainsi que pour l'aumônier	8 000	10 000	10 666	
Capitaine de vaisseau commandant, avec un officier supérieur pour second. Une division navale. Présent à bord	40 000	50 000	53 333	
Capitaine de vaisseau commandant, avec un officier supérieur pour second. Une division navale. En mission hors du bord (Art. 179)	32 000	40 000	42 666	
Capitaine de vaisseau commandant, avec un officier supérieur pour second. Un bâtiment armé. En rade ou à la mer. Présent à bord	30 000	37 500	40 000	
Capitaine de vaisseau commandant, avec un officier supérieur pour second. Un bâtiment armé. En rade ou à la mer. En mission hors du bord (Art. 179)	22 000	27 500	29 333	
Capitaine de vaisseau commandant, avec un officier supérieur pour second. Un bâtiment armé. Dans le port. (Art. 175, 176 et 177.)	13 000	//	//	
Capitaine de vaisseau commandant, avec un officier supérieur pour second. Un bâtiment en réserve, 1re catégorie, *stationné en rade*. (Art. 158.)	22 500	//	//	

TRAITEMENT DE TABLE.

GRADES.	ALLOCATION JOURNALIÈRE (A). SUR LE PIED de France. — Col. n° 1.	SUR LE PIED COLONIAL. Col. n° 2.	SUR LE PIED COLONIAL. Col. n° 3.	OBSERVATIONS.
	fr. c.	fr. c.	fr. c.	
Capitaine de vaisseau commandant, n'ayant pas d'officier supérieur pour second. — Une division navale... Présent à bord.......	35 000	43 750	46 666	(A) Les mêmes allocations sont attribuées à l'officier commandant pour l'officier inférieur admis à sa table, à défaut de table de l'état-major. (Art. 162.)
Une division navale... En mission hors du bord (Art. 179)........	27 000	33 750	36 000	(B) Cette indemnité est allouée au commandant pour chacun des membres des commissions, quel que soit son grade et quelle que soit la nature des expériences auxquel es il y a lieu de procéder. (Art. 157.) Elle est imputable au chapitre *Frais de passage*, etc.
Un bâtiment armé.... En rade ou à la mer. Présent à bord.......	25 000	31 250	33 333	(C) Décision présidentielle du 12 juillet 1880.
Un bâtiment armé.... En rade ou à la mer. En mission hors du bord (Art. 179)........	17 000	21 250	22 666	
Un bâtiment armé.... Dans le port. (Art. 175, 176 et 177.)	13 000	//	//	
Un bâtiment en réserve, 1re catégorie, *stationné en rade.* (Art. 158.)...................	18 750	//	//	
Capitaine de frégate commandant. — Un bâtiment armé.... En rade ou à la mer. Présent à bord.......	20 000	25 000	26 666	
Un bâtiment armé.... En rade ou à la mer. En mission hors du bord (Art. 179)........	12 000	15 000	16 000	
Un bâtiment armé.... Dans le port. (Art. 175, 176 et 177.)	10 000	//	//	
Un bâtiment en réserve, 1re catégorie, *stationné en rade.* (Art. 158.)...................	15 000	//	//	
Officier supérieur et aumônier dans les cas prévus par les art. 175, 176 et 177..................................	5 000	//	//	
Lieutenant de vaisseau commandant. — Un bâtiment armé.... En rade ou à la mer. Présent à bord.......	15 000	18 750	20 000	
Un bâtiment armé.... En rade ou à la mer. En mission hors du bord (Art. 179)........	9 000	11 250	12 000	
Un bâtiment armé.... Dans le port. (Art. 175, 176 et 177.)	7 000	//	//	
Un bâtiment en réserve, 1re catégorie, *stationné en rade.* (Art. 158.)...................	11 250	//	//	
Capitaine de bâtiment. — Allocation spéciale pour l'aumônier attaché au bâtiment (A)................................	5 000	6 250	6 666	
Enseigne de vaisseau commandant. — Un bâtiment armé.... En rade ou à la mer. Présent à bord.......	10 000	12 500	13 333	
Un bâtiment armé.... En rade ou à la mer. En mission hors du bord (Art. 179)........	4 000	5 000	5 333	
Un bâtiment armé.... Dans le port. (Art. 175, 176 et 177.)	5 000	//	//	
Un bâtiment en réserve, 1re catégorie, *stationné en rade.* (Art. 158.)...................	7 500	//	//	
Aspirant commandant provisoirement. — Un bâtiment armé.... En rade ou à la mer. Présent à bord.......	6 000	7 500	8 000	
Un bâtiment armé.... En rade ou à la mer. En mission hors du bord (Art. 179)........	2 000	2 500	2 666	
Un bâtiment armé.... Dans le port. (Art. 175, 176 et 177.)	3 000	//	//	
Un bâtiment en réserve, 1re catégorie, *stationné en rade.* (Art. 158.)...................	4 500	//	//	
Premier maître commandant un bâtiment armé...... En rade ou à la mer. Présent à bord.......	5 000	6 250	6 666	
Premier maître commandant un bâtiment armé...... En rade ou à la mer. En mission hors du bord (Art. 179)........	3 000	3 600	4 000	
Premier maître commandant un bâtiment armé...... Dans le port. (Art. 175, 176 et 177.)	2 500	//	//	
Maître commandant un bâtiment armé en sous-ordre. (C) En rade ou à la mer. Présent à bord.......	4 500	//	//	
Maître commandant un bâtiment armé en sous-ordre. (C) En rade ou à la mer. En mission hors du bord (Art. 179)......	2 700	//	//	
Maître commandant un bâtiment armé en sous-ordre. (C) Dans le port. (Art. 175, 176 et 177).	2 250	//	//	
Second maître ou quartier-maître commandant provisoirement un bâtiment armé............... En rade ou à la mer. Présent à bord.......	4 000	5 000	5 333	
Second maître ou quartier-maître commandant provisoirement un bâtiment armé............... En rade ou à la mer. En mission hors du bord (Art. 179)........	//	//	//	
Second maître ou quartier-maître commandant provisoirement un bâtiment armé............... Dans le port. (Art. 175, 176 et 177.)	2 000	//	//	
Officiers composant l'état-major d'un bâtiment...............	2 250	3 000	3 375	
Aspirants et assimilés......................................	1 500	2 000	2 000	
Commissions d'essais (B)......................................	6 000	//	//	

TARIF N° 39.

FRAIS DE PASSAGE À PAYER AUX TABLES DES BÂTIMENTS DE L'ÉTAT.

(Art. 192 et suivants.)

DÉSIGNATION DES TABLES ET CATÉGORIES DE PASSAGERS.	ALLOCATIONS JOURNALIÈRES. (A) Sur le pied de France. Col. n° 1.	Sur le pied colonial. Col. n° 2.	Col. n° 3.	OBSERVATIONS.
	fr. c.	fr. c.	fr. c.	
TABLE DES OFFICIERS GÉNÉRAUX ET DES OFFICIERS COMMANDANTS.				
1re catégorie.				NOTA. Voir, pour le classement aux diverses tables des bâtiments de l'État, des fonctionnaires et agents des différents départements ministériels, la circulaire du 21 septembre 1872. (*Bull. officiel*, p. 418.)
Officier ou fonctionnaire ayant un grade supérieur au grade de colonel et gouverneur de colonie (A)	20 000	25 000	26 666	
Famille des passagers. Femme	20 000	25 000	26 666	
Fils et filles âgés de 16 ans et au-dessus	15 000	18 750	20 000	(A) Allocations passibles de la retenue de 3 p. o/o au profit de la Caisse des Invalides de la marine.
Fils et filles âgés de 5 à 16 ans	10 000	12 500	13 333	
Fils et filles âgés de moins de 5 ans	5 000	6 250	6 666	
2e catégorie.				(B) Il est alloué à l'officier général ou à l'officier commandant une indemnité de 1 fr. 50 cent. par jour, indépendamment de la ration en nature pour chaque domestique de passager admis à sa table.
Officier supérieur jusqu'au grade de colonel inclusivement et commandant d'établissement secondaire (B)	12 000	15 000	16 000	
Famille des passagers. Femme	12 000	15 000	16 000	
Fils et filles âgés de 16 ans et au-dessus	9 000	11 250	12 000	(C) La même allocation est accordée pour chacun des membres de la famille du passager, quel que soit l'âge des fils et des filles.
Fils et filles âgés de 5 à 16 ans	6 000	7 500	8 000	
Fils et filles âgés de moins de 5 ans	3 000	3 750	4 000	L'allocation est augmentée de moitié quand la présence du passager à la table de l'état-major ou à celle des aspirants n'a pas excédé huit jours.
TABLE DE L'ÉTAT-MAJOR.				
Passager ayant rang d'officier (C)	2 250	3 000	3 375	
TABLE DES ASPIRANTS.				
Passager admis à cette table (C)	1 500	2 000	2 000	

TARIF N° 40.

INDEMNITÉS POUR PERTE D'EFFETS ET DE MATÉRIEL DE TABLE.

(Art. 131.)

GRADES ET EMPLOIS.	MONTANT DE L'INDEMNITÉ (A). Pour perte d'effets. Perte totale.	Pour perte d'effets. Perte partielle. N° 1.	Pour perte d'effets. Perte partielle. N° 2.	Pour perte de matériel de table. Perte totale.	Pour perte de matériel de table. Perte partielle. N° 1.	Pour perte de matériel de table. Perte partielle. N° 2.
	fr. c.	fr. c.	fr. c.	fr. c.	fr. c.	fr. c.
Amiral	6,000 00	4,000 00	2,000 00	6,000 00	4,000 00	2,000 00
Vice-amiral	3,000 00	2,000 00	1,000 00	3,000 00	2,000 00	1,000 00
Contre-amiral	2,100 00	1,400 00	700 00	2,100 00	1,400 00	700 00
Capitaine de vaisseau. Commandant	1,350 00	900 00	450 00	1,350 00	900 00	450 00
Capitaine de vaisseau. Capitaine de pavillon, chef d'état-major, etc.	1,350 00	900 00	450 00	//	//	//
Capitaine de frégate. Commandant	1,200 00	800 00	400 00	1,200 00	800 00	400 00
Capitaine de frégate. Ne commandant pas	1,200 00	800 00	400 00	//	//	//
Lieutenant de vaisseau. Commandant	900 00	600 00	300 00	900 00	600 00	300 00
Lieutenant de vaisseau. Ne commandant pas	900 00	600 00	300 00	//	//	//
Enseigne de vaisseau. Commandant	750 00	500 00	250 00	750 00	500 00	250 00
Enseigne de vaisseau. Ne commandant pas	750 00	500 00	250 00	//	//	//
Aspirant	600 00	400 00	200 00	//	//	//
Volontaire	375 00	250 00	125 00	//	//	//

NOTA. — L'indemnité déterminée pour perte d'effets sera payée aux officiers des différents corps de la marine, en raison de leur grade, selon les fixations de ce tarif.

Les commissaires-adjoints et les officiers supérieurs du même grade seront traités sur le même pied que les capitaines de frégate ne commandant pas.

Tables des états-majors, des aspirants et des maîtres. Il peut leur être alloué des indemnités pour perte de matériel de table lorsque le matériel n'a pas été fourni par l'État. (Art. 130.)

(A) Allocation passible de la retenue de 3 p. o/o au profit de la Caisse des Invalides de la marine.

INDEMNITÉS DE RESPONSABILITÉ DES COMPTABLES DES MATIÈRES.

(Art. 110 à 117.)

TARIF N° 41.

DÉSIGNATION DES EMPLOIS.	INDEMNITÉ ANNUELLE de responsabilité. (A)	OBSERVATIONS.
	fr. c.	
Garde-magasin général à Brest et à Toulon	4,000 00	NOTA. Les agents admis dans le personnel des comptables antérieurement au 1er janvier 1853 peuvent continuer à être dispensés de fournir un cautionnement. Les comptables qui ont obtenu cette dispense ne reçoivent que les trois quarts de l'indemnité de responsabilité fixée par le tarif. (Art. 21 du décret du 17 janvier 1867.) (A) Allocation passible de la retenue de 3 p. o/o au profit de la Caisse des Invalides de la marine.
Garde-magasin général à Cherbourg, à Lorient et à Rochefort	3,000 00	
Garde-magasin du service des vivres à Brest et à Toulon. Garde-magasin particulier de la direction des constructions navales à Brest et à Toulon	2,500 00	
Garde-magasin du service des vivres à Cherbourg, à Lorient et à Rochefort.	2,000 00	
Garde-magasin particulier de la direction des constructions navales à Cherbourg, à Lorient et à Rochefort. Garde-magasin particulier des mouvements du port et de l'artillerie à Brest et à Toulon Garde-magasin à Indret	1,800 00	
Garde-magasin particulier des directions des mouvements du port et de l'artillerie à Cherbourg, à Lorient et à Rochefort Agent comptable du service des hôpitaux à Brest, à Rochefort et à Toulon. Garde-magasin des forges de la Chaussade, à Guérigny	1,500 00	
Garde-magasin particulier de la direction de la Villeneuve, à Brest. Garde-magasins institués dans les ports secondaires. Agent comptable du service des hôpitaux à Cherbourg et à Lorient Garde-magasin à Ruelle Garde-magasin à Paris	1,200 00	
Garde-magasin à Alger	600 00	
Comptable d'ordre au ministère de la marine	800 00	

INDEMNITÉS POUR FRAIS D'ÉTABLISSEMENT.

(Art. 135.)

TARIF N° 42.

EMPLOIS.	MONTANT de L'ALLOCATION. (A)	OBSERVATIONS.
	fr. c.	
1° GOUVERNEURS ET COMMANDANTS DE COLONIE.		(A) Allocation passible de la retenue de 3 p. o/o au profit de la Caisse des Invalides de la marine.
Gouverneur de la Martinique de la Guadeloupe de la Réunion	12,000 00	
Gouverneur de la Guyane française du Sénégal de la Nouvelle-Calédonie des établissements français dans l'Inde	8,000 00	
Commandant et commissaire aux îles de la Société	4,000 00	
Commandant supérieur. Iles Saint-Pierre et Miquelon Mayotte et dépendances	3,000 00	
Commandant à Sainte-Marie de Madagascar	2,000 00	
2° CLERGÉ.		
Évêques dans toutes les colonies	10,000 00	

Tarif n° 43.

INDEMNITÉ D'HABILLEMENT.

(Art. 198.)

EMPLOIS.	ALLOCATION ANNUELLE. (A)	OBSERVATIONS.
	fr. c.	
1° PERSONNEL DE SURVEILLANCE DES PRISONS (B).		
Surveillant principal	200 00	(A) Allocation passible de la retenue de 3 p. o/o au profit de la Caisse des Invalides de la marine.
Surveillant chef de travaux	150 00	(B) Chaque agent nouvellement admis reçoit, à titre de première mise, une somme égale à l'indemnité annuelle fixée pour son habillement; pendant la première année, l'indemnité annuelle est réduite de moitié.
Surveillant	120 00	La promotion à un grade supérieur donne droit à la différence entre la première mise déjà touchée et celle qui est afférente au nouveau grade, sans aucune réduction sur l'indemnité annuelle.
2° MARINS VÉTÉRANS (C).		(C) Les marins vétérans n'ont pas droit à une première mise d'habillement.
Marins vétérans	54 00	
3° PERSONNEL DU GARDIENNAGE (B).		
Gardien-chef	150 00	
Gardien-major	120 00	
Portier-consigne et gardien-concierge	100 00	
Gardien-portier, gardien ambulant, gardien de bureau et patron de canot	80 00	
4° COMPAGNIES DE POMPIERS (B).		
Maître et sergent-pompier	72 00	
Caporal-pompier et pompier ordinaire	54 00	

Tarif n° 44.

ABONNEMENTS POUR FOURNITURES DE BUREAU À PARIS ET DANS L'INTÉRIEUR.

(Art. 119.)

GRADES OU EMPLOIS.		ALLOCATION ANNUELLE. (A)	OBSERVATIONS.
		fr. c.	
Service forestier et service de surveillance de fabrication par l'industrie	Directeur des constructions navales centralisant le service	500 00	(A) Allocation passible de la retenue de 3 p. o/o au profit de la Caisse des Invalides de la marine.
	Ingénieur chargé d'un bassin forestier	500 00	
	Ingénieur et sous-ingénieur en sous-ordre	400 00	
Service des charbonnages. — Inspecteur du service		200 00	
Magasin central à Paris	Agent comptable garde-magasin	200 00	
	Magasinier (un seul magasinier)	60 00	
Président de la Commission d'examens des mécaniciens de la flotte		60 00	
Ingénieur et sous-ingénieur du génie maritime ne faisant pas partie du service forestier		200 00	
Ingénieur et sous-ingénieur hydrographe		200 00	

ABONNEMENTS POUR FOURNITURES DE BUREAU,

TARIF N° 45.

SERVICE À TERRE, PORTS MILITAIRES.

(Art. 119.)

DÉSIGNATION des SERVICES.	DÉTAILS entre lesquels sont réparties les sommes allouées à chaque service.	INDICATION des PARTIES PRENANTES.	SOMMES ALLOUÉES (A) par service et par port.				
			Cherbourg.	Brest.	Lorient.	Rochefort.	Toulon.
			fr. c.	fr. c.	fr. c.	fr. c.	fr. c.
Préfecture maritime (B).	Cabinet du préfet et secrétariat de la préfecture maritime . .	Vice-amiral commandant en chef, préfet maritime . .	1,000 00	1,300 00	900f 00	1,000 00	1,400 00
Conseil d'administration de la marine (B).	Conseil d'administration de la marine	Secrétaire du conseil	75 00	100 00	75 00	75 00	100 00
Majorité générale (C).	Cabinet et bureau particulier du major général	Major général	350 00	450 00	350 00	350 00	500 00
	Bureau des officiers-majors . . . Salle des commissions . . . . . . Service général des corps de garde . . . . Dépôts des cartes et plans . . . . Observatoire . . . . Bibliothèque du port	Chef du secrétariat de la majorité générale . . . . Directeur de l'observatoire . . . . Conservateur de la bibliothèque	580 00	980 00	580 00	585 00	955 00
	Service des marées	L'observateur des marées	20 00	20 00	"	"	"
Majorité de la flotte (C).	Major de la flotte	Major de la flotte . .	300 00	400 00	300 00	300 00	400 00
	Commission des défenses sous-marines	Secrétaire de la commission	150 00	150 00	150 00	150 00	150 00
Officier de marine.	. . . .	Chargé de suivre les travaux de navires en achèvement à flot. — Chaque officier	72 000	72 00	72 00	72 00	72 00
Division des équipages de la flotte (C).	. . . .	Commandant en second	100 00	500 00	120 00	300 00	500 00
		Major de la division.	200 00	500 00	230 00	"	500 00
		Trésorier	800 00	1,000 00	800 00	600 00	1,000 00
		Officier d'habillement chargé du casernement et de l'armement	"	500 00	"	"	500 00
		Officier d'habillement, du casernement et de l'armement	300 00	"	300 00	300 00	"
École des mécaniciens.	. . . .	Commandant de l'école	"	"	"	"	3,000 00
Établissement des pupilles de la marine.	Commandant de l'établissement	Commandant	"	300 00	"	"	"
	Sous-commissaire trésorier et secrétaire du conseil	Trésorier	"	500 00	"	"	"

(A) Les allocations portées au tarif n° 45 sont passibles de la retenue de 3 p. o/o au profit de la Caisse des Invalides de la marine.
(B) Le vice-amiral commandant en chef, préfet maritime, pourvoit au chauffage de son cabinet, de son secrétariat et de la salle du conseil d'administration sur la somme qui lui est allouée par le tarif n° 51 (chauffage et éclairage).
(C) Le chauffage est fourni en nature.

TARIF N° 45.
(Suite.)

ABONNEMENTS POUR FOURNITURES DE BUREAU,

SERVICE À TERRE, PORTS MILITAIRES.

(Art. 119.)

DÉSIGNATION des SERVICES.	DÉTAILS ENTRE LESQUELS SONT RÉPARTIES les sommes allouées à chaque service.	INDICATION des PARTIES PRENANTES.	SOMMES ALLOUÉES (A) PAR SERVICE ET PAR PORT.				
			Cherbourg.	Brest.	Lorient.	Rochefort.	Toulon.
			fr. c.	fr. c.	fr. c.	fr. c.	fr. c.
Direction des constructions navales (C).	Cabinet et bureau particulier du directeur	Directeur	600 00	800 00	600 00	600 00	800 00
	Comptabilité administrative	Agent administratif.					
	Chantiers et ateliers	Un maître principal ou entretenu désigné par le directeur	1,600 00	2,800 00	1,600 00	1,630 00	2,800 00
	École du génie maritime	Ingénieur chargé de l'école	2,700 00	〃	〃	〃	〃
	Chaque ingénieur ou sous-ingénieur	Ingénieur ou sous-ingénieur	200 00	200 00	200 00	200 00	200 00
	Élève du génie maritime envoyé dans les ports ou établissements hors des ports	Élève du génie maritime	200 00	200 00	200 00	200 00	200 00
	École élémentaire des apprentis (D)	Professeur	100 00	100 00	100 00	100 00	100 00
Direction des mouvements du port (C).	Cabinet et bureau particulier du directeur	Directeur	300 00	400 00	300 00	300 00	400 00
	Bureau du sous-directeur	Le sous-directeur					
	Bureau du sous-directeur du Mourillon, à Toulon						
	Bureau des officiers de la direction						
	Premier maître du port	Agent administratif.	730 00	1,200 00	700 00	720 00	1,300 00
	Bâtiments désarmés						
	Postes télégraphiques						
	Comptabilité administrative						
	Chantiers et ateliers	Un maître désigné par le directeur					
Direction de l'artillerie (B).	Cabinet et bureau particulier du directeur	Directeur	300 00	400 00	300 00	300 00	400 00
	Bureau du sous-directeur	Le sous-directeur					
	Bureau des officiers de la direction						
	Commandant de l'école de pyrotechnie	Le commandant de l'école	700 00	1,450 00	650 00	750 00	1,400 00
	Bureau du directeur de la Villeneuve, à Brest	Le directeur de la Villeneuve					
	Comptabilité administrative	Agent administratif.					
	Chantiers et ateliers	Un maître désigné par le directeur					
Commission de Gâvres.	Commission de Gâvres	Le président de la commission	〃	〃	800 00	〃	〃
Direction des travaux hydrauliques (B).	Cabinet et bureau particulier du directeur	Directeur	600 00	500 00	400 00	400 00	600 00
	Comptabilité administrative	Agent administratif.	850 00	750 00	600 00	600 00	850 00
	Ateliers et chantiers, travaux extraordinaires	Un maître désigné par le directeur					
	Chaque ingénieur ou élève	Ingénieur ou élève.	200 00	200 00	200 00	200 00	200 00
Commissariat (B).	Cabinet et secrétariat du commissaire général	Le commissaire général	800 00	1,000 00	800 00	900 00	1,100 00

(A) Voir la note (A), page 149.
(B) Le chauffage est fourni en nature.
(D) Le professeur reçoit en outre 2 francs par élève et par an.

ABONNEMENTS POUR FOURNITURES DE BUREAU,

TARIF N° 45. (*Suite.*)

SERVICE À TERRE, PORTS MILITAIRES.

(Art. 119.)

DÉSIGNATION des SERVICES.	DÉTAILS ENTRE LESQUELS SONT RÉPARTIES les sommes allouées à chaque service.	INDICATION des PARTIES PRENANTES.	SOMMES ALLOUÉES (A) PAR SERVICE ET PAR PORT.				
			Cherbourg.	Brest.	Lorient.	Rochefort.	Toulon.
			fr. c.	fr. c.	fr. c.	fr. c.	fr. c.
Commissariat (B). (*Suite.*)	Bureau des revues..........	Commissaire aux revues...........					
	Bureau des armements.......	Commissaire aux armements........					
	Bureau des approvisionnements................	Commissaire aux approvisionnements.					
	Bureau des travaux.........	Commissaire aux travaux...........					
	Bureau des hôpitaux et prisons..................	Commissaire aux hôpitaux........	2,520 00	3,350 00	2,220 00	2,500 00	3,370 00
	Bureau des subsistances.....	Commissaire aux subsistances......					
	Bureau des fonds..........	Commissaire des fonds..........					
	Bureau central de l'inscription maritime et des réservistes..	Chef du bureau...					
	Bureau des archives........	Chef du bureau...					
	École d'administration......	Commissaire de la marine; professeur	″	100 00	100 00	″	″
Inspection des services administratifs et financiers (B).	....	Inspecteur en chef..	500 00	650 00	350 00	350 00	650 00
Comptabilité des matières (B).	Magasin général...........	Garde-magasin général..........	770 00	750 00	500 00	550 00	750 00
	Magasin du service des vivres.	Garde-magasin....	250 00	400 00	250 00	250 00	400 00
	Magasin de la direction des constructions navales.......	Garde-magasin....	400 00	600 00	400 00	400 00	700 00
	Magasin de la direction des mouvements du port........	Garde-magasin....	150 00	300 00	150 00	150 00	300 00
	Magasin de la direction d'artillerie................	Garde-magasin....	150 00	300 00	150 00	150 00	200 00
	Magasin de l'usine de la Villeneuve................	Garde-magasin....	″	50 00	″	″	″
	Comptabilité des hôpitaux.... Comptabilité de la pharmacie.	Agent comptable des hôpitaux........	200 00	400 00	100 00	300 00	400 00
Manutention des subsistances (B).	....	Agent de manutention...........	200 00	300 00	200 00	200 00	300 00
Service de santé (B).	....	Président du conseil de santé........	200 00	600 00	100 00	400 00	600 00
Tribunaux maritimes (B)	....	Chaque greffier....	180 00	180 00	180 00	180 00	180 00
Gardiennage (B).	....	Gardien-chef......	50 00	50 00	50 00	50 00	50 00
Prisons maritimes (B)	....	Surveillant principal...........	50 00	70 00	40 00	40 00	70 00
Maison d'arrêt (B).	....	Gardien..........	40 00	40 00	40 00	40 00	40 00
Service sémaphorique.	Inspection des sémaphores...	Inspecteur.......	200 00	200 00	200 00	200 00	200 00
	Chef guetteur chargé d'observations météorologiques....	Chef guetteur.....	36 00	36 00	36 00	36 00	36 00
	Chef guetteur et guetteur titulaire ou provisoire........	Chef guetteur titulaire ou provisoire.	18 00	18 00	18 00	18 00	18 00

(A) Voir la note (A), page 149.
(B) Le chauffage est fourni en nature.

TARIF N° 46.

ABONNEMENTS POUR FOURNITURES DE BUREAU DANS LES PORTS SECONDAIRES.

(Art. 119.)

DÉSIGNATION des SERVICES.	DÉTAILS ENTRE LESQUELS sont réparties les sommes allouées à chaque service.	INDICATION des PARTIES PRENANTES.	SOMMES ALLOUÉES (A) PAR SERVICE ET PAR PORT.						
			Dunkerque.	Le Havre.	Saint-Servan.	Nantes.	Bordeaux.	Marseille.	Bastia.
			fr. c.	fr. c.	fr. c.	fr. c.	fr. c.	fr. c.	fr. c.
Chef de service (c).	Cabinet et secrétariat du chef de service.	Chef de service. .	300 00	500 00	300 00	500 00	500 00	500 00	400 00
Détails administratifs (B).	....	Les chefs des divers détails suivant la répartition faite entre eux.........	700 00	1,200 00	700 00	1,250 00	1,300 00	700 00	400 00
Inspection des services administratifs et financiers.	....	Inspecteur-adjoint	″	″	″	″	500 00	500 00	″
Service des comptables (c).	....	Garde-magasin . .	300 00	400 00	″	400 00	400 00	400 00	″
Manutention des subsistances (c).	....	Agent de manutention......	″	″	″	250 00	″	″	″
Service du port (c).	....	Directeur des mouvements du port.	300 00	300 00	″	300 00	300 00	300 00	″
Constructions navales (c).	Ingénieurs chargés de la direction ou de la surveillance des constructions navales..........	Ingénieur......	″	600 00	″	600 00	600 00	600 00	″

(A) Les allocations portées au tarif n° 46 sont passibles de la retenue de 3 p. o/o au profit de la Caisse des Invalides de la marine.

(B) Les chefs de service pourvoient au chauffage de leur cabinet et de leur secrétariat sur la somme qui leur est allouée par le tarif n° 51 (chauffage et éclairage).

(C) Les frais de chauffage sont compris dans l'allocation.

TARIF N° 47.

ABONNEMENTS POUR FOURNITURES DE BUREAU

DANS LES ÉTABLISSEMENNS HORS DES PORTS.

(Art. 119.)

DÉSIGNATION des SERVICES.	DÉTAILS ENTRE LESQUELS SONT RÉPARTIES les sommes allouées à chaque service.	INDICATION des PARTIES PRENANTES.	SOMMES ALLOUÉES (A) PAR SERVICE ET PAR PORT.		
			Indret.	Ruelle.	La Chaussade.
			fr. c.	fr. c.	fr. c.
Directeur (B).	Cabinet du directeur et bureau particulier...............	Directeur................	800 00	400 00	500 00
Direction (c).	Sous-directeur............. Comptabilité administrative... Service de santé........... Enseignement élémentaire... Ateliers..................	Sous-directeur............ Agent administratif......... Un maître désigné par le directeur...........	2,200 00	750 00	1,900 00
Génie maritime.	....	Chaque ingénieur ou sous-ingénieur...............	200 00	″	200 00
Comptabilité des matières (c).	....	Garde-magasin............	500 00	250 00	400 00
Inspection des services administratifs et financiers (c).	....	Inspecteur................	150 00	″	150 00
Aumônier.	....	Aumônier.................	30 00	″	″
Gardiennage (c).	....	Gardien-chef............. Gardien-major............	50 00 ″	″ ″	″ 50 00

(A) Les allocations portées au tarif n° 47 sont passibles de la retenue de 3 p. o/o au profit de la Caisse des Invalides de la marine.

(B) Les directeurs pourvoient au chauffage de leur cabinet, de leur secrétariat et de la salle du conseil sur la somme qui leur est allouée par le tarif n° 51 (chauffage et éclairage).

(C) Le chauffage est fourni en nature.

TARIF DES ABONNEMENTS POUR FOURNITURES DE BUREAU EN ALGÉRIE. (Art. 119.)

TARIF N° 48.

DÉSIGNATION des SERVICES.		DÉTAILS ENTRE LESQUELS SONT RÉPARTIES les sommes allouées à chaque service.	INDICATION DES PARTIES PRENANTES.	
Alger	Commandant de la marine (B)	Cabinet et bureau particulier du commandant	Le commandant de la marine	500f 00c
	Majorité	....	Le chef d'état-major	300 00
	Directeur des mouvements du port (C)	Direction du port	Directeur des mouvements du port	400 00
	Commissariat (C)	Cabinet et secrétariat du commissaire chef du service	Le commissaire	500 00
		Détails administratifs	Les chefs de détails, suivant la répartition faite entre eux (D)	700 00
	Comptabilité des matières (C)	....	Garde-magasin	200 00

(A) Les allocations portées au tarif n° 48 sont passibles de la retenue de 3 p. o/o au profit de la Caisse des Invalides de la marine.

(B) Le commandant pourvoit au chauffage de ses bureaux sur la somme qui lui est allouée par le tarif n° 51, *Chauffage et éclairage.*

(C) Les frais de chauffage sont compris dans l'abonnement pour frais de bureau.

(D) Voir le tarif n° 35 pour les frais de service des commissaires de l'inscription maritime en Algérie.

TARIF DES ABONNEMENTS POUR FOURNITURES DE BUREAU ET FRAIS D'ÉCRITURES DE L'INSPECTION PERMANENTE AUX COLONIES.

TARIF N° 48 *bis.*

		FRAIS DE BUREAU. (A)	FRAIS D'ÉCRITURES. (A)	OBSERVATIONS.
		fr. c.	fr. c.	
Inspecteur permanent chef de service.	Cochinchine	1,000 00	9,000 00	(A) Les allocations portées au tarif n° 48 *bis* sont passibles de la retenue de 3 p. o/o au profit de la Caisse des Invalides de la marine. (B) Les traitements payés à Paris sur les frais d'écritures sont passibles de la retenue de 5 p. o/o.
	Martinique	800 00	6,000 00	
	Guadeloupe	800 00	6,000 00	
	Réunion	800 00	6,000 00	
	Inde	600 00	4,000 00	
	Guyane	800 00	6,000 00	
	Nouvelle-Calédonie	800 00	6,000 00	
	Sénégal	800 00	5,000 00	
	Service de l'inspection permanente à Paris	"	(B) 6,000 00	

Tarif n° 49.

TARIF DES ABONNEMENTS POUR FOURNITURES DE BUREAU.

SERVICE À LA MER, ÉTATS-MAJORS GÉNÉRAUX (ART. 119).

GRADES ET EMPLOIS.		ALLOCATIONS ANNUELLES. (A)
		fr. c.
Chef d'état-major..	d'une armée navale	960 00
	d'une escadre	600 00
	d'une division navale ou d'une station navale sous le commandement d'un officier général	360 00
Commissaire général d'une armée navale		960 00
Commissaire	d'une armée navale	960 00
	d'une escadre	600 00
	d'une division ou d'une station navale sous le commandement d'un officier général	360 00
Adjudant d'un officier supérieur pourvu d'une commission de commandant en chef d'une division navale		240 00
Officier d'administration du bâtiment commandant chargé de centraliser la comptabilité des bâtiments placés sous le commandement de cet officier supérieur (B)		
Ingénieurs embarqués, quelle que soit leur position		240 00
Officier du corps de santé embarqué en chef	d'une armée navale	320 00
	d'une escadre	200 00
	d'une division navale sous le commandement d'un officier général	120 00
	d'une division navale sous le commandement d'un officier supérieur pourvu d'une commission	80 00

OBSERVATIONS.

Nota. — Ces allocations sont payées aux officiers quel que soit leur grade et ne changent pas en cas d'élévation en grade des officiers commandant.

(A) Les allocations portées au tarif n° 49 sont passibles de la retenue de 3 p. o/o au profit de la Caisse des Invalides de la marine.

(B) L'indemnité de 240 fr. par an à l'officier d'administration chargé de centraliser la comptabilité d'une division navale est indépendante de celle qu'il reçoit en sa qualité d'officier d'administration et de trésorier du bâtiment sur lequel il est embarqué.

Tarif n° 50.

TARIF DES ABONNEMENTS POUR FOURNITURES DE BUREAU.

SERVICE À LA MER, ÉTATS-MAJORS (ART. 119).

DÉSIGNATION DES BÂTIMENTS.		ALLOCATIONS ANNUELLES (A).				
		Officier en second.	Officier d'administration et trésorier.	Officier du corps de santé.	Officier chargé des montres (B). Pour trois montres et plus.	Officier chargé des montres (B). Pour moins de trois montres.
		fr. c.	fr. c.	fr. c.	fr. c.	fr. c.
BÂTIMENTS ARMÉS.						
Bâtiment ayant un effectif de	601 hommes et au-dessus	216 00	324 00	60 00		
	501 à 600 hommes	180 00	270 00	48 00		
	301 à 500 hommes	180 00	270 00	48 00		
	201 à 300 hommes	144 00	216 00	36 00	36 00	24 00
	101 à 200 hommes	120 00	180 00	24 00		
	45 à 100 hommes	120 00	180 00	24 00		
	Au-dessous de 45 hommes	96 00	"	18 00		
BÂTIMENTS EN RÉSERVE.						
Bâtiment central de la réserve à Brest et à Toulon		216 00	324 00	60 00	"	"
Bâtiment central de la réserve à Cherbourg, Lorient, Rochefort		180 00	270 00	48 00	"	"
Vaisseaux, frégates et corvettes en 1re catégorie		120 00	180 00	24 00	"	"
Bâtiment de rang inférieur		96 00	144 00	18 00	"	"

(A) Les allocations portées au tarif n° 50 sont passibles de la retenue de 3 p. o/o au profit de la Caisse des Invalides de la marine.

Nota. — A bord des bâtiments qui ne comportent pas d'officier d'administration, une allocation de 96 francs par an est accordée :

1° Au capitaine du bâtiment;

2° A l'officier chargé du détail, lorsque la composition de l'effectif comprend cet emploi.

Cette allocation est également accordée au patron commandant un bâtiment pour de courtes traversées.

(B) L'officier chargé du service météorologique à bord du bâtiment reçoit une indemnité de frais de bureau égale à celle qui lui est déjà allouée pour les montres.

TARIF DES ABONNEMENTS POUR LA FOURNITURE DU CHAUFFAGE ET DE L'ÉCLAIRAGE DANS LES PORTS ET ÉTABLISSEMENTS MARITIMES. (Art. 139 à 141.)

GRADES ET EMPLOIS.	ALLOCATION ANNUELLE. (A) fr. c.	OBSERVATIONS.
Vice-amiral commandant en chef préfet maritime (B) — à Brest et à Toulon	3,500 00	(A) Les allocations portées au tarif n° 51 sont passibles de la retenue de 3 p. o/o au profit de la Caisse des Invalides de la marine. (B) Au moyen de l'abonnement, les fonctionnaires pourvoient au chauffage et à l'éclairage de leur hôtel, y compris leur cabinet, leur secrétariat, le bureau des aides de camp et les salles de conseil. Aucune délivrance ne peut leur être faite en nature. (C) Les fournitures de chauffage pour le service des bureaux dans les ports de Cherbourg, Brest, Lorient, Rochefort et Toulon, et dans les établissements situés hors des ports se font en nature. Le maximum de la dépense est fixé par décision ministérielle. (D) Au moyen de l'abonnement pour frais de bureau, il est pourvu au chauffage et à l'éclairage des bureaux. (E) Dans les établissements situés hors des ports, les fournitures de chauffage et de luminaire pour les maisons, salles de conseil et bureaux des directeurs sont faites en nature. Le maximum de la dépense est fixé par décision ministérielle.
— à Cherbourg	2,700 00	
— à Rochefort et à Lorient	2,400 00	
Service des bureaux dans les ports militaires et dans les établissements maritimes hors des ports (C)	//	
Chef de service (B) — au Havre et à Bordeaux	1,500 00	
— à Nantes et à Marseille	1,200 00	
— à Dunkerque et à Saint-Servan	1,000 00	
— à Bastia	500 00	
Service des bureaux dans les ports secondaires (D)	//	
Commandant de la marine à Alger (B)	1,200 00	
Directeur des établissements situés hors des ports (E)	//	
Service de santé au Havre	50 00	
Concierge et portier de chaque hôtel de préfecture maritime	100 00	
Concierge — de l'hôtel de la marine dans les ports secondaires (*art. 141 du décret*)	100 00	
— de l'arsenal au Havre, de l'établissement des subsistances et approvisionnements à Nantes	100 00	
Chef guetteur et guetteur des sémaphores (chacun d'eux)	100 00	

TARIF N° 52.

RETENUE D'HÔPITAL. (Art. 80 et suivants.)

CORPS.	GRADES ET EMPLOIS.	MONTANT DE LA RETENUE en France.	MONTANT DE LA RETENUE dans les colonies.
		fr. c.	f. c.
Officiers de marine	Officier supérieur	4 00	6 00
	Lieutenant de vaisseau	2 60	4 50
	Enseigne de vaisseau	2 00	4 00
	Aspirant	1 50	3 00
Mécaniciens en chef et principaux	Mécanicien en chef	4 00	6 00
	Mécanicien principal de 1re classe	2 60	4 50
	——— de 2e classe	2 00	4 00
Génie maritime	Officier supérieur	4 00	6 00
	Sous-ingénieur de 1re et de 2e classe	2 60	4 50
	——— de 3e classe	2 00	4 00
	Élève ingénieur	1 50	3 00
Ingénieurs hydrographes	Officier supérieur	4 00	6 00
	Sous-ingénieur de 1re et de 2e classe	2 60	4 50
	——— de 3e classe	2 00	4 00
	Élève ingénieur	1 50	3 00
Commissariat de la marine	Officier supérieur	4 00	6 00
	Sous-commissaire	2 60	4 50
	Aide-commissaire	2 00	4 00
	Élève commissaire	1 50	3 00
Inspection des services administratifs et financiers	Inspecteurs et inspecteurs-adjoints	4 00	6 00
Personnel administratif des directions de travaux	Agent administratif principal	4 00	6 00
	Agent administratif	2 60	4 50
	Sous-agent administratif	2 00	4 00
Personnel du service des manutentions	Agent de manutention principal	4 00	6 00
	Agent de manutention	2 60	4 50
	Sous-agent de manutention	2 00	4 00
Corps de santé	Officier supérieur	4 00	6 00
	Médecin et pharmacien de 1re classe	2 60	4 50
	——— de 2e classe	2 00	4 00
	Aide-médecin et aide-pharmacien	1 50	3 00
Aumôniers de la marine	Aumônier supérieur	4 00	6 00
	Aumônier (A)	2 60	4 50
Examinateurs et professeurs d'hydrographie, professeurs de l'école navale, de l'école des mousses, du cours normal des instituteurs	Examinateurs et professeurs de 1re classe	4 00	6 00
	Professeur de 2e classe	2 60	4 50
	——— de 3e classe	2 00	4 00

OBSERVATIONS.

DISPOSITIONS DIVERSES.

§ 1er. — Lorsque les officiers généraux des divers corps de la marine sont traités dans les hôpitaux, il leur est fait une retenue fixée uniformément à 5 francs par jour en France.

§ 2. — Les retenues qui font l'objet du présent tarif sont applicables aux officiers et agents en congé, en non-activité ou en réforme.

Toutefois la retenue ne peut, en aucun cas, être supérieure à la moitié de la solde à laquelle l'officier, l'employé ou l'agent a droit par jour, suivant sa position de non-activité, de réforme ou de congé.

§ 3. — Tout officier, fonctionnaire ou agent ne jouissant pas d'un traitement colonial supporte les retenues sur le pied de France lorsqu'il est admis aux hôpitaux dans les colonies.

§ 4. — Les pensionnaires de la marine et les demi-soldiers ne peuvent être admis dans les hôpitaux aux frais de la marine qu'exceptionnellement et par suite d'une autorisation spéciale de l'autorité maritime ultérieurement sanctionnée par le Ministre.

Cette autorisation ne doit leur être accordée que lorsqu'ils sont atteints de maladies ou de blessures graves et qu'il est constaté qu'ils ne peuvent se procurer chez eux les secours qui leur sont nécessaires.

La retenue qu'ils ont à subir pour leur traitement à l'hôpital est la même que celle déterminée par le présent tarif pour les officiers fonctionnaires et agents du même grade en activité de service.

Toutefois, cette retenue ne devra jamais dépasser les 9/10 de la somme à laquelle leur pension de retraite ou leur demi-solde leur donne droit par jour, afin qu'il reste à leur disposition un dixième de leur pension ou de leur demi-solde.

(A) Les aumôniers attachés aux hôpitaux maritimes ne subissent pas les retenues d'hôpital. (*Art. 4 du règlement du 18 janvier 1859 sur le service religieux de la marine.*)

RETENUE D'HÔPITAL.

CORPS.	GRADES ET EMPLOIS.	MONTANT DE LA RETENUE		OBSERVATIONS.
		en France.	dans les colonies.	
		fr. c.	fr. c.	
Comptables des matières	Agent comptable principal	4f 00	6f 00	NOTA. — *Ouvriers.* — Le tarif ci-contre n'est pas applicable au personnel ouvrier, qui doit continuer à conserver à l'hôpital la moitié de sa solde matriculaire. Conformément à l'article 27 du décret du 18 janvier 1867, les retenues à exercer sur ladite solde sont décomptées pour le nombre de journées de travail régulier dans l'arsenal, y compris les journées extraordinaires accordées pour les fêtes publiques et déduction faite des dimanches et des jours fériés. Les ouvriers des entrepreneurs de la marine sont reçus dans les hôpitaux aux mêmes conditions que les ouvriers de l'État, lorsque les marchés passés avec les entrepreneurs le stipulent, mais seulement dans les cas prévus par lesdits marchés.
	Agent comptable	2 60	4 50	
	Sous-agent comptable	2 00	4 00	
Personnel des agents du commissariat	Agent principal du commissariat	4 00	6 00	
	Agent du commissariat	2 60	4 50	
	Sous-agent du commissariat	2 00	4 00	
Chefs de musique	des divisions de Brest et de Toulon	2 00	4 00	
Ingénieurs des ponts et chaussées	Ingénieur en chef	4 00	6 00	
	Ingénieur ordinaire de 1re et de 2e classe	2 60	4 50	
	——— de 3e classe	2 00	4 00	
Trésoriers des Invalides de la marine	Trésorier de 1re classe	4 00	6 00	
	——— de 2e classe	2 60	4 50	
	——— de 3e classe	2 00	4 00	
Divers services	Magistrature, culte, trésor, agent des services financiers, services des ports, etc., aux colonies; maître principal, commis du commissariat, commis et écrivains des divers personnels administratifs secondaires de la marine; professeur de l'école d'application des aspirants			
	Traitements de 3,001 fr. et au-dessus	4 00	6 00	
	Traitements de 2,501 à 3,000 fr.	2 60	4 50	
	Traitements de 1,801 à 2,500 fr.	2 00	4 00	
	Traitements de 1,401 à 1,800 fr.	1 50	3 00	
	Traitements de 1,001 à 1,400 fr.	1 25	2 50	
	Traitements de 1,000f et au-dessous	1 00	2 00	
Agents inférieurs	Maîtres entretenus, fourriers-chefs, sous-professeurs de l'école des mousses, marins vétérans, syndics, magasiniers du corps des comptables, personnel du gardiennage, pompiers, guetteurs des électro-sémaphores, gardes maritimes, chauffeurs asiatiques.			
	Traitement de 1,601 fr. et au-dessus	1 40	2 80	
	Traitement de 1,401 à 1,600 fr.	1 30	2 60	
	Traitement de 1,201 à 1,400 fr.	1 20	2 40	
	Traitement de 1,001 à 1,200 fr.	1 00	2 00	
	Traitement de 1,000f et au-dessous	0 80	1 60	

TABLE DES TARIFS.

www.ingramcontent.com/pod-product-compliance
Ingram Content Group UK Ltd.
Pitfield, Milton Keynes, MK11 3LW, UK
UKHW012218240726
13966UKWH00003B/840